博士论文出版项目

中小企业能力对供应链融资绩效的影响：
基于信息的视角

The Impact of SME Capability on
Supply Chain Financing Performance:
Based on Information Perspective

卢 强 著

中国社会科学出版社

图书在版编目（CIP）数据

中小企业能力对供应链融资绩效的影响：基于信息的视角/卢强著．—北京：中国社会科学出版社，2020.7
ISBN 978-7-5203-6631-1

Ⅰ.①中… Ⅱ.①卢… Ⅲ.①中小企业—供应链—企业融资—经济绩效—研究—中国　Ⅳ.①F279.243

中国版本图书馆 CIP 数据核字（2020）第 094815 号

出 版 人	赵剑英
责任编辑	李庆红
责任校对	闫　萃
责任印制	郝美娜
出　　版	中国社会科学出版社
社　　址	北京鼓楼西大街甲 158 号
邮　　编	100720
网　　址	http://www.csspw.cn
发 行 部	010-84083685
门 市 部	010-84029450
经　　销	新华书店及其他书店
印　　刷	北京君升印刷有限公司
装　　订	廊坊市广阳区广增装订厂
版　　次	2020 年 7 月第 1 版
印　　次	2020 年 7 月第 1 次印刷
开　　本	710×1000　1/16
印　　张	15.25
字　　数	213 千字
定　　价	88.00 元

凡购买中国社会科学出版社图书，如有质量问题请与本社营销中心联系调换
电话：010-84083683
版权所有　侵权必究

出 版 说 明

　　为进一步加大对哲学社会科学领域青年人才扶持力度，促进优秀青年学者更快更好成长，国家社科基金设立博士论文出版项目，重点资助学术基础扎实、具有创新意识和发展潜力的青年学者。2019年经组织申报、专家评审、社会公示，评选出首批博士论文项目。按照"统一标识、统一封面、统一版式、统一标准"的总体要求，现予出版，以飨读者。

全国哲学社会科学工作办公室

2020年7月

摘　　要

近几年，越来越多的中小企业通过供应链金融解决融资难问题。大量研究表明，供应链金融能够显著缓解中小企业信息不对称的问题，提升其供应链融资绩效。但对于什么样的中小企业可以获得供应链融资，以及供应链金融如何降低信息不对称等问题却鲜有研究予以探讨。鉴于此，一方面，本研究基于企业能力理论中"企业能力—竞争优势—企业绩效"的基本理论逻辑，构建了中小企业创新能力与市场响应能力通过供应链融资方案采用影响其供应链融资绩效的理论模型；另一方面，结合信息不对称理论，本研究通过引入供应链整合与信息技术应用等构念，探索供应链金融降低事前与事后信息不对称从而促进供应链融资绩效的作用机制。

作为供应链金融领域的一项探索性研究，本研究采用准复制研究方法，在采用多元回归分析对研究假设进行验证的基础上，同时利用模糊集定性比较分析（fsQCA）方法进行准复制研究。基于此，一方面保证研究结果的稳健性，另一方面进一步对各个变量之间的关系进行梳理与分析，以期丰富和补充实证研究的结果。本研究采用问卷调查的方式进行样本数据收集。在预调研中，本研究共发放问卷100份，其中获得84份有效问卷。通过探索性因子分析形成本研究中创新能力、市场响应能力、供应链融资方案采用、供应链融资绩效、供应链整合与信息技术应用等主要构念的正式测量量表。基于前期调研发现的六家提供供应链金融服务的核心企业，并在其协助与支持下，向其提供融资的中小企业客户共发放正式问卷300

份，得到合格问卷248份。结合多元回归分析与模糊集定性比较分析（fsQCA）的结果，本研究得到如下结论：

首先，就中小企业能力与供应链融资之间的关系而言，第一，中小企业创新能力与市场响应能力积极影响供应链融资绩效；第二，中小企业创新能力与市场响应能力同时积极影响供应链融资方案采用；第三，供应链融资方案采用在中小企业能力与供应链融资绩效之间具有中介作用。

其次，就供应链金融中的信息传递机制而言，第一，中小企业能力作为一种竞争力传递信号，在供应链金融中可以有效降低事前信息不对称；第二，供应链整合与信息技术应用对中小企业能力与供应链融资方案采用之间的关系不具有积极的调节作用，但信息技术应用本身在缓解事前信息不对称方面具有重要作用；第三，供应链整合与信息技术应用对中小企业供应链融资方案采用与供应链融资绩效之间的关系具有积极的调节作用，在供应链金融中，供应链整合在降低事后信息不对称方面能够发挥更大的作用。

本研究在一定程度上拓展了现有供应链金融研究深度与广度的同时，对于丰富与补充现有供应链金融研究具有重要意义。首先，本研究基于企业能力理论，揭示了中小企业能力影响供应链融资绩效的理论机制，回答了什么样的中小企业能够通过供应链金融获得融资这一问题。其次，通过引入供应链融资方案采用，打开了中小企业能力与供应链融资绩效之间的"黑箱"。最后，系统分析了供应链金融能够有效降低信息不对称，提升中小企业供应链融资绩效的作用机理，清晰阐明了供应链金融中的信息传递机制。

此外，本研究对中小企业管理实践也具有重要的指导与借鉴意义。具体而言：其一，有效整合供应链网络资源促进企业创新能力提升，努力克服与供应链网络成员之间的关系惯性，基于紧密合作获取有价值的资源与知识，强化在供应链网络中的合法性；其二，基于企业内部资源以有效强化市场响应能力，从供应链管理的视角出发，改进需求管理柔性与物流分销柔性，增强自身在行业中的竞争力；其三，打破利用传统途径融资的思维定式，积极采用多种供应链融资方案，并通过对多种方案的综合应用，提高供应链融资绩效；其四，注重运用信息技术提升供应链合作伙伴之间的信息分享程度，通过信息技术的采用实现交易、运作等流程的信息化、数据化与标准化，促进信息在供应链网络中的分享与扩散，同时在采用供应链融资方案后，提高信息技术应用的强度，努力实现自己企业的信息技术系统与资金提供企业的系统相对接，在降低风险的基础上以较低的成本获得供应链融资；其五，通过供应链整合更好地融入供应链网络，并利用供应链网络提高交易信用，努力搭建网络生态并形成良好的组织场域，还应该通过供应链整合嵌入更多的供应链网络中，降低对某一资金提供企业的依赖，提升供应链融资的可得性。

关键词：供应链金融；中小企业能力；信息不对称；供应链融资绩效

Abstract

In recent years, more and more SMEs solve their financing problems by adopting supply chain finance. A large number of studies have shown that supply chain finance can significantly alleviate the information asymmetry of SMEs and enhance their supply chain financing performance. But for what kind of SMEs can get supply chain financing, and how supply chain finance reducing information asymmetry and other issues are rarely discussed. In view of this, on the one hand, based on the theoretical logic of "enterprise competence – competitive advantage – enterprise performance" in enterprise capability theory, this paper constructs the theoretical model of innovation capability and market response capability of SMEs affecting supply chain financing performance through supply chain financing solution adoption. On the other hand, combined with information asymmetry theory, through introducing concepts of supply chain integration and information technology application, this paper explore the mechanism of supply chain finance in reducing ex – ante and ex – post information asymmetry to promote supply chain financing performance.

As an exploratory study in the field of supply chain finance, this study adopts quasi – replication research method. Based on using multiple regression analysis to test the theoretical hypothesis, this paper uses fuzzy sets of qualitative comparative analysis (fsQCA) method for quasi – replication research. Based on this, on the one hand, the quasi – replication research can ensure the robustness of the research results; on the other hand, it can further sort out and analysis the relationship between the various variables, so as to enrich and supplement the results of empirical research. This study uses a questionnaire survey to collect data. A total of 100 questionnaires were distributed and 84 valid questionnaires were collected. Through the exploratory factor analysis, this paper forms the formal measurement scale of the main constructs such as innovation capability, market response capability, supply chain financing solution adoption, supply chain financing performance, supply chain integration and information technology application. Based on the preliminary investigation, six focal firms were found involved in supply chain financing for SMEs in related business areas. With the help of these focal firms (lenders), 300 formal questionnaires were sent to their customers' (SMEs) managers independently and 248 qualified questionnaires were returned. Combined with the results of multiple regression analysis and fuzzy sets of qualitative comparative analysis (fsQCA), we get the following conclusions.

Considering the relationship between SMEs capabilities and supply chain financing: First, innovation capability and market response capability of SMEs have positively effect on supply chain financing performance. Second, innovation capability and market response capability of SMEs have positively effect on supply chain financing solution adoption. Third, supply chain financing solution adoption plays a mediating role between SMEs capabilities and supply chain financing performance.

Considering the information transmission mechanism in supply chain finance: First, as a kind of transmission signal of competitive power, SMEs capabilities can effectively reduce the ex-ante information asymmetry in supply chain finance. Second, supply chain integration and information technology application do not have positively moderating effects on the relationship of SMEs capabilities and supply chain financing solution adoption, however, information technology application itself plays an important role in alleviating the ex – ante information asymmetry. Third, supply chain integration and information technology application have positively moderating effects on the relationship of supply chain financing solution adoption and supply chain financing performance, and supply chain integration plays a greater role in reducing the ex – post information asymmetry in supply chain finance.

This paper has expanded the depth and breadth of supply chain finance research to a certain extent, which is of great significance to enrich and supplement the existing researches. Firstly, based on enterprise capability theory, this study reveals the theoretical mechanism of SMEs capabilities influencing the supply chain financing performance, and answers the question of what kind of SMEs can obtain financing through supply chain finance. Secondly, through the introduction of supply chain financing solution adoption, this study opens the "black box" between SMEs capabilities and supply chain financing performance. Thirdly, this study analyzes the mechanism of supply chain finance effectively reducing the information asymmetry so as to improving the supply chain financing performance of SMEs, and clearly clarify the information transmission mechanism in supply chain finance.

In addition, this study also has important guidance and reference for the management practice of SMEs. Specifically: First, effectively integrate the supply chain network resources to promote the improvement of enterprise innovation capability SMEs should work hard to overcome the inertia of relationships with supply chain network members, and obtain valuable resources and knowledge based on close cooperation, so as to strengthen the legitimacy in the supply chain network. Second, integrate enterprise resources to effectively improve the market response capability. From the perspective of supply chain management, SMFs should effectively optimize demand management flexibility and logistics distribution flexibility, and enhance the competitiveness in the industry. Third, SMEs should break the thinking style of using traditional financing ways and actively use a variety of supply chain financing solutions, through a comprehensive application of a variety of solution to improve supply chain financing performance. Fourth, pay attention to the use of information technology to enhance the level of information sharing among supply chain partners through adoption of information technology. SMEs can use information technology application to achieve the informationization, dataization and standardization of transaction, operation and other processes, and promote information sharing and diffusion in the supply chain network. At the same time, after adopting the supply chain financing solutions, SMEs should improve the strength of information technology application, try to realize the information technology system of their enterprise connecting with the system of capital provider, so as to reduce risk and get supply chain financing at a lower cost. Fifth, SMEs can better integrate into the supply chain network through the supply chain integration, and take the advantage of supply chain network to improve transaction credit. SMEs should strive to build network ecology and form a good organizational field, but also through the supply chain integration to embed in more supply chain networks, which can reduce the dependence on one capital provider and enhance the availability of supply chain financing.

Keywords: supply chain finance, SMEs capabilities, information asymmetry, supply chain financing performance

目　　录

第一章　绪论 …………………………………………………（1）
　第一节　研究背景 ……………………………………………（1）
　第二节　研究问题界定 ………………………………………（7）
　第三节　研究目的与意义 ……………………………………（8）
　第四节　研究难点与创新 ……………………………………（11）
　第五节　研究方法与技术路线 ………………………………（13）
　第六节　研究框架与研究内容 ………………………………（18）

第二章　理论基础与文献综述 ………………………………（20）
　第一节　企业能力理论 ………………………………………（20）
　第二节　信息不对称与中小企业融资 ………………………（34）
　第三节　供应链金融研究 ……………………………………（41）
　第四节　供应链融资的情境因素 ……………………………（64）
　第五节　本章小结 ……………………………………………（74）

第三章　研究模型和理论假设 ………………………………（76）
　第一节　理论逻辑与概念模型 ………………………………（76）
　第二节　变量描述与界定 ……………………………………（78）
　第三节　研究假设的理论推演 ………………………………（83）
　第四节　本章小结 ……………………………………………（92）

第四章 研究设计与预调研 (94)
- 第一节 准复制研究 (94)
- 第二节 变量测量 (97)
- 第三节 预调研与探索性因子分析 (103)
- 第四节 本章小结 (112)

第五章 正式调研与假设验证 (113)
- 第一节 正式调研 (113)
- 第二节 数据检验与验证性因子分析 (120)
- 第三节 研究假设检验结果 (126)
- 第四节 本章小结 (136)

第六章 模糊集定性比较分析 (139)
- 第一节 模糊集定性比较分析方法的适用性 (139)
- 第二节 数据校准 (141)
- 第三节 模糊集定性比较分析 (143)
- 第四节 本章小结 (150)

第七章 研究结论与展望 (152)
- 第一节 研究结论 (152)
- 第二节 理论贡献 (160)
- 第三节 管理启示 (162)
- 第四节 研究局限与展望 (167)

附录一 预调研问卷 (169)

附录二 正式调研问卷 (173)

参考文献 (177)

索引 (222)

Contents

Chapter 1 Introduction ·· (1)
   Section 1 Research Background ··································· (1)
   Section 2 Definition of Research Issues ························ (7)
   Section 3 Purpose and Significance of Research ············ (8)
   Section 4 Research Difficulties and Innovations ··········· (11)
   Section 5 Research Methods and Technical Routes ········ (13)
   Section 6 Research Framework ··································· (18)

Chapter 2 Theoretical Basis and Literature Review ············ (20)
   Section 1 Enterprise Capability Theory ························ (20)
   Section 2 Information Asymmetry and SME Financing ········ (34)
   Section 3 Supply Chain Finance Research ····················· (41)
   Section 4 Situational Factors of Supply Chain Financing ······ (64)
   Section 5 Summary of this Chapter ···························· (74)

Chapter 3 Research Model and Theoretical Hypothesis ·· (76)
   Section 1 Theoretical Logic and Conceptual Model ········ (76)
   Section 2 Description and Definition of Variables ········· (78)
   Section 3 Development of Theoretical Hypothesis ········· (83)
   Section 4 Summary of this Chapter ···························· (92)

Chapter 4　Research Design and Pre-research ············· (94)

- Section 1　Quasi-replication ················· (94)
- Section 2　Variable Measurement ················· (97)
- Section 3　Pre-research and Exploratory Factor Analysis ················· (103)
- Section 4　Summary of this Chapter ················· (112)

Chapter 5　Formal Investigation and Hypothesis Test ········· (113)

- Section 1　Formal Investigation ················· (113)
- Section 2　Data Inspection and Confirmatory Factor Analysis ················· (120)
- Section 3　Hypothesis Testing Results ················· (126)
- Section 4　Summary of this Chapter ················· (136)

Chapter 6　Fuzzy-set Qualitative Comparative Analysis (fsQCA) ················· (139)

- Section 1　Applicability of fsQCA ················· (139)
- Section 2　Data Carlibration ················· (141)
- Section 3　fsQCA Results ················· (143)
- Section 4　Summary of this Chapter ················· (150)

Chapter 7　Research Conclusions ················· (152)

- Section 1　Conclusions ················· (152)
- Section 2　Theoretical Contribution ················· (160)
- Section 3　Practical Implications ················· (162)
- Section 4　Research Limitations and Prospects ················· (167)

Appendix 1　Pre-survey Questionnaire ················· (169)

Appendix 2 Formal Questionnaire ·································· (173)

Reference ·· (177)

Appendix ·· (222)

第 一 章
绪　论

供应链金融作为解决中小企业融资难的重要途径，近年来成为理论界与实践界广泛关注的热点话题。针对供应链金融这一研究领域，本章主要基于实践与理论背景，寻找本研究的理论与实践切入点，从而清晰界定本研究所要探索的理论问题。在此基础上，深入分析本研究的理论与实践意义，并对研究所存在的难度与潜在创新点，以及研究方法与技术路线等内容予以介绍。

第一节　研究背景

一　实践背景

根据国家工商总局数据显示，截至 2016 年年底，我国有各类市场主体 8705.4 万户，其中中小企业数量占比达 99% 以上。作为新增就业岗位的主要吸纳器，中小企业创造的最终产品和服务价值约占国内生产总值（GDP）总量的 60% 左右，纳税金额占国家税收总额的 50%。[1] 中小企业已经在很大程度上成为我国经济的重要组成部

---

[1] 数据来源：林汉川、秦志辉、池仁勇：《中国中小企业发展报告 2015》，北京大学出版社 2015 年版。

分，更是经济快速发展的"助推器"。然而，融资难、融资贵等问题一直以来是制约中小企业发展的桎梏。

国际信用保险及信用管理服务机构科法斯集团（Coface）于2016年针对1017家中国企业开展了关于企业所面临的信用风险情况的调查，结果显示，目前企业间使用最为广泛的支付形式是通过赊账进行销售的结算方式。在采用赊销方式进行结算的企业中，有68%的受访企业都曾在过去的一年中经历应收账款到期未付的状况，且应收账款超长逾期的情况令人担忧。这些企业当中应收账款平均超期时间大于90天的企业增加到26.3%，而2015年只是21%。此外，超长逾期时间大于150天的企业激增到15.9%（2015年为9.9%），根据科法斯的以往经验，80%的超期达180天的应收账款最终不能收回。[①] 这一数据表明在当今赊销盛行的贸易方式下，中小企业的资金短缺问题日益加剧，并且已经发展成为影响中小企业正常运营的主要因素。《国务院关于进一步促进中小企业发展的若干意见》中明确指出："中小企业是我国国民经济和社会发展的重要力量，促进中小企业发展，是保持国民经济平稳较快发展的重要基础，是关系民生和社会稳定的重大战略任务。"在党的十八大报告中，也明确提出要"支持小微企业特别是科技型小微企业发展"。因此，破解中小企业融资难对促进中小企业健康发展，推动国民经济持续增长都具有重要意义。

从现实情况来看，在企业的实际运作中，企业融资的渠道主要分为两类：内源性融资与外源性融资（尹志超等，2015）。作为企业初创时期最为主要的融资渠道，内源性融资主要包括所有者权益、企业留存收益与职工集资等形式。而外源性融资又可以划分为间接融资和直接融资两大类。间接融资主要包括银行贷款、贴现等融资渠道，直接融资则主要涵盖企业债券和股权等融资方式。一直以来，针对我国中小企业在扩大再生产以及竞争力提升等方面的客观需求，

[①] 数据来源：科法斯集团：《2016年中国企业付款状况调查报告》。

内源性融资在很大程度上无法对其进行有效满足。而就外源性融资而言，由于中小企业的注册资本以及所拥有的股本总额均较少，在国内股票市场较高的准入门槛约束下，使其也不能通过进入主板市场获得有效融资。因此，迄今为止，中小企业最主要的融资渠道仍然是银行借贷。然而，从银行等金融机构获取资金对于中小企业而言却又极其困难。这是因为中小企业本身具有多方面的局限性，例如信用状况较差、财务信息不完善、可抵押担保的资产匮乏等，从而使其抗风险能力弱。鉴于此，银行等金融机构为了有效规避风险，减少坏账、呆账等产生，为中小企业进行贷款的意愿较低，而更倾向于为信用和资产较好的大企业提供信贷。在这样的情况下，一方面，银行等金融机构因为中小企业的资质不足而惧贷，而另一方面，中小企业发展却需要足够的资金支持，这就导致了银企关系间"信用隔阂"的产生。对于中小企业而言，要想有效跨越这一隔阂，就必须探索与寻找创新型的融资方式。

正因如此，如何依托中小企业在供应链网络中的交易信息与交易数据降低借贷双方之间的信息不对称，在提升其信用水平的基础上创新融资方式与途径，逐渐成为有效缓解中小企业融资困境的关键所在。在这样的背景下，供应链金融（Supply Chain Finance, SCF）应运而生。作为国家层面第一个关于供应链的文件，国务院办公厅于2017年在《关于积极推进供应链创新与应用的指导意见》中更是明确指出要积极稳妥发展供应链金融，"推动供应链金融服务实体经济。鼓励商业银行、供应链核心企业等建立供应链金融服务平台，为供应链上下游中小微企业提供高效便捷的融资渠道"。因此，供应链金融逐渐成为解决中小企业融资难的有效途径与方式。但是，在供应链金融开展的实践过程中，也并不是所有的中小企业都能通过供应链金融融资。此外，即便是能够获得供应链融资的中小企业，在融资的成本（利率）以及周期等融资绩效方面也会存在差异。这是因为，供应链金融中的资金提供者在选取融资对象时，会对其所具备的能力进行考察。一般而言，中小企业所具备的能力是其潜在企业绩效以及偿债能力的体现，从而能够在一定程度上反映出对其进行融资的风险程度。因此，在现实中，往往是供应链网络中具备较强能力的中小企业才能够较好地获得供应链融资。鉴于此，探索中小企业能力对其供应链融资绩效的影响具有一定的现实意义。

二 理论背景

对于中小企业而言，在日常生产运营中，融资难与融资贵等问题一直以来都是阻碍其快速发展以及绩效提升的主要枷锁。以往众多研究均表明，造成这一状况的主要原因在于信息不对称（Berger and Udell, 2006；姜付秀等，2016；宋华、卢强，2017a）。为了解决信息不对称问题，管理上就出现了交易借贷和关系借贷两种借贷形式。交易借贷中金融机构对中小企业的贷款资质的审核一般是基于其财务报表、市场信息、所得税信息等容易量化的硬性信息（Stein, 2002），但由于受到经营年限少、财务报表不全、资产规模较小、不确定性高等因素的影响，中小企业的"硬信息"在很多方面都比较难于量化（Irwin and Scott, 2010；Roberts, 2015）。因此，与大型企业相比，商业银行对中小企业会提出较高的抵押与担保要求以弥补潜在的违约风险（Duan et al., 2009），而这种形态提高了中小企业从传统银行渠道获取营运资金补充的成本与难度（Song and Wang, 2013；姚铮等，2013）。关系借贷通过依赖银行和中小企业之间的"关系"（Berger and Udell, 2002）以及中小企业在集群环境中的相互"关系"（Shane and Cable, 2002；Song and Wang, 2013）等"软信息"在一定程度上弥补了传统银行借贷中硬性信息不足所带来的问题，但这需要银行通过与中小企业的长期互动才能建立双方的互信关系（Gobbi and Sette, 2014；Fiordelisi et al., 2014），或者需要基于血缘或个人关系形成高度的信任（Au et al., 2014），但由于关系借贷并没有能直接参与中小企业的实际生产运营，潜在的道德风险仍然存在（Chang et al., 2014），因而关系借贷中小企业同样面临较高的融资成本与难度（James and Wier, 1990）。

近几年，越来越多的中小企业通过供应链金融解决其融资难问题（Lekkakos and Serrano，2016；Yan and Sun，2015；Hofmann and Kotzab，2010）。大量研究表明，供应链金融能够显著提升企业供应链融资水平，缓解企业资金约束，并能够促进企业绩效提升（张伟斌、刘可，2012；宋华等，2017；Pfohl and Gomm，2009；Zhao et al.，2015；Gelsomino et al.，2016）。但是，在现实中，处于同一供应链网络中的企业有些能够通过采用供应链融资解决方案获得良好的供应链融资绩效，与此同时其他企业却仍然难以通过供应链金融增强资金有效性，且往往是供应链网络中具有竞争优势的中小企业才能获得供应链中资金提供企业给予的供应链融资，这一现象说明供应链网络中中小企业的能力是有差异的。这是因为，基于企业能力理论的观点，企业自身所具有的能力是其获取竞争优势与绩效的关键（Prahalad and Hamel，1990；Grant，1991；Teece and Pisano，1994；Teece et al.，1997；Miller，2003；Ray et al.，2004）。以往众多研究也表明，通过提高企业自身的能力有助于企业维持与获取竞争优势，进而对其绩效产生积极影响（Ritter et al.，2004）。因此，在供应链金融中，中小企业能力的提升如何影响其对供应链融资解决方案的采用进而对其供应链融资绩效产生影响，这是目前需要探索的理论问题。

此外，供应链金融是一种基于供应链网络优化企业融资结构与现金流的有效方式（Gomm，2010），核心企业通过控制整个供应链中与资金相关的业务流程实现了资金使用的可视性（Grosse-Ruyken et al.，2011）。与传统银行借贷以及关系借贷只是关注借贷企业自身信用与偿债能力不同，供应链金融强调的是借贷企业基于整个供应链结构产生的交易信用，因为组织间的交易和资金流情况更能够刻画企业的真实运营情况（Wandfluh et al.，2016）。因而，供应链金融可以在一定程度上有效降低借贷企业双方之间的信息不对称，减少中小企业融资的道德风险，进而降低中小企业融资的成本并提高了其融资的可得性，最终提高中小企业融资绩效。尽管以往研究表明，在供应链金融中可以通过有效降低信息不对称，促进中小企业供应链融资解决方案的采用进而提高其供应链融资绩效（Hofmann and Kotzab，2010；Pfohl and Gomm，2009），但就供应链金融中信息不对称降低的内在机制而言却鲜有研究予以探讨，且相关的实证文章更为少见（Gelsomino et al.，2016）。因此，在供应链金融相关研究中，这也是需要探索的重要课题。

针对上述问题，通过文献梳理我们发现，就目前而言，供应链金融的研究主要包括两大类范式：一是基于"金融视角（financial perspective）"，强调的是针对供应链中企业的金融产品（Basu and Nair，2012；More and Basu，2013），例如，反向保理的应用；二是基于"供应链导向（supply chain oriented）"的供应链金融研究，主要涉及与供应链中应收账款、应付账款、库存以及固定资产等要素相关的运营资金决策等问题，这一视角强调的是通过采取财务的以及非财务的多种解决方案对供应链中资金流的优化（Hofmann，2005；Pfohl and Gomm，2009）。相比较而言，金融视角的供应链金融是一种短期导向的、涉及面较窄（主要运用反向保理）的一种解决供应链中融资问题的方式（Caniato et al.，2016）。而随着供应链金融的不断发展，供应链网络中企业之间的合作行为逐渐成为供应链金融开展的基础，但目前鲜有研究从供应链中的合作行为对其展开探讨。供应链中的合作行为本质反映为商流、物流以及信息流的结合程度，而这种结合程度又可以通过供应链整合以及信息化整合等予以实现。具体而言，一方面，在基于供应链网络的供应链金融中，供应链网络作为企业的一种特有资源，通过供应链整合，企业能够实现对供应链网络资源的有效管理，从而有助于促进信息交流，降低供应链网络中企业之间的信息不对称（Flynn et al.，2010；Barratt and Barratt，2011；Prajogo and Olhager，2012）。另一方面，以往研究也表明，随着信息技术的不断发展，中小企业通过信息技术的应用能够有效实现信息整合，增强与合作伙伴之间彼此业务的透明度，从而也是实现供应链中合作成员之间信息共享的一种重要手段（Gunasekaran and

Ngai, 2004; Cámara et al., 2015; Bruque-Cámara et al., 2016)。

因此, 基于上述文献回顾与分析, 本研究主要针对中小企业发展中所面临的融资难问题, 从能力与信息的视角出发, 试图探索供应链金融中中小企业能力如何影响其对供应链融资解决方案的采用, 进而提升供应链融资绩效的内在机理, 以及中小企业在供应链金融中如何通过供应链整合以及信息技术应用降低信息不对称从而促进供应链融资的作用机制。

第二节 研究问题界定

作为国民经济主体中的重要组成部分, 有效解决中小企业的融资问题具有重要的理论与现实意义。尽管供应链金融为中小企业提供了行之有效的新途径, 但并不是所有的中小企业都能够通过供应链金融有效获取资金（宋华、卢强, 2017a）。因此, 基于上述理论与实践背景分析, 本书通过围绕中小企业的供应链融资进行研究, 拟解决与回答的主要问题包括如下两个方面: 首先, 什么样的中小企业能够通过供应链金融获得融资? 在供应链金融中, 中小企业需要具备何种能力帮助其通过供应链融资方案采用（supply chain finance solutions adoption）有效获取供应链网络中资金提供方的融资, 即中小企业能力与其供应链融资绩效之间的内在作用机制。其次, 供应链金融降低信息不对称的作用机制是什么? 信息不对称作为影响中小企业有效获取资金的主要障碍（Berger and Udell, 2006; 姜付秀等, 2016）, 在以往的信贷理论中, 将借贷双方之间的信息不对称主要划分为事前和事后信息不对称两类（Donnelly et al., 2014）, 而事前信息不对称导致信贷市场的逆向选择（Roberts, 2015）, 事后信息不对称则会带来信贷市场的道德风险（Bubb and Kaufman, 2014）。鉴于此, 本研究将探索供应链金融如何有效降低中小企业与资金提供方之间事前与事后信息不对称, 提升其供应链融资绩效。

第三节 研究目的与意义

近几年,由于全球金融危机导致了银行等金融机构信贷紧缩(Ivashina and Scharfstein,2010;王晓东、李文兴,2015)以及中小企业自身存在局限性等原因,使中小企业生存因缺少流动资金而变得举步维艰。在这样的背景下,供应链金融逐渐成为破解中小企业融资难的有效途径。虽然近几年供应链金融得到了实践界与学术界的广泛关注,并逐渐成为供应链领域的研究主流,但是,对于供应链金融中影响中小企业供应链融资质量的前因及其内在机制以及供应链融资对中小企业成长的影响等未得到充分论证(Gelsomino et al.,2016)。因此,深入研究供应链金融背景下中小企业内外部能力通过供应链融资对其绩效产生影响的内化机制以及影响内化机制发生的作用条件,对于现有供应链金融理论框架的延伸和现有中小企业实践的指导均具有重要意义。

一 理论意义

第一,针对中小企业融资难、融资贵的问题,以往研究主要围绕传统银行借贷(Berger and Udell,1995,2002;Scott and Smith,1986;Behr et al.,2011;Gobbi and Sette,2014;Fiordelisi et al.,2014;平新乔、杨慕云,2009;尹志超等,2015)、集群网络融资(Hedges et al.,2007;王峰娟、安国俊,2009;罗正英,2010;高连和,2013;孟娜娜等,2016)等融资方式对如何破解中小企业资金约束进行探讨。本研究基于供应链金融背景,创新性地从供应链融资出发研究中小企业融资难问题,这对于丰富和补充中小企业融资相关理论具有重要意义。

第二,供应链金融作为近几年供应链与金融两个领域交叉产生的创新,目前对其进行的研究还处于探索性阶段。大多数研究都是针对供应链金融的概念、模式、发展阶段及其作用等方面进行的理论性分析（Hofmann and Kotzab，2010；Pfohl and Gomm，2009；Gomm，2010；Wuttke et al.，2013a，3013b；More and Basu，2013；Wandfluh et al.，2016；闫俊宏、许祥秦，2007；胡跃飞、黄少卿，2009；宋华，2015；宋华、陈思洁，2016）。而中小企业供应链融资绩效作为供应链金融的直接效果体现，鲜有研究对影响中小企业供应链融资绩效的前因及其内在机制进行深入系统地分析与验证（Gelsomino et al.，2016）。本研究在供应链金融情境下，实证探索中小企业能力对其供应链融资解决方案采用及其供应链融资绩效的影响，并验证中小企业能力通过供应链融资解决方案对供应链融资绩效产生影响的中介作用机制，基于此试图打开中小企业能力与供应链融资绩效之间的理论"黑箱"，从而有助于拓展供应链金融研究的深度与广度。

第三，供应链金融能够提升中小企业融资可得性的关键在于其能够有效降低中小企业的信息不对称（Hofmann and Kotzab，2010；Pfohl and Gomm，2009；Zhao et al.，2015；Gelsomino et al.，2016；张伟斌、刘可，2012；宋华等，2017），因此，本研究在分析中小企业能力对供应链融资绩效影响的基础上，对供应链金融能够降低中小企业信息不对称，促进中小企业供应链融资方案采用以及提升其供应链融资绩效的作用条件予以探索。通过引入供应链整合与信息技术应用等情境因素，基于其对降低信息不对称的作用，试图对中小企业能力影响其供应链融资解决方案采用与供应链融资绩效内化机制的作用条件进行考察，这对于厘清供应链金融降低中小企业信息不对称的作用机制，以及进一步深化和拓展供应链金融相关研究都具有重要的理论意义。

二 现实意义

中小企业作为推动我国经济发展和社会进步的关键力量，一直以来都是我国经济体系中的重要组成部分。破解其融资难题对于保证中小企业的健康稳定发展，以及促进国家经济平稳增长都具有重要的实践意义。因此，从实践来看，本研究的主要价值与意义主要有如下两点：

首先，在不能从银行等金融机构得到贷款的条件下，中小企业为了维持企业经营，不得不承受高利率从民间借贷机构或者个人获取资金。由于这种民间借贷不受法律保护，一旦中小企业经营不善，出现负债过高、资金链断裂等情况，就会导致不良事件的产生，甚至会引起一系列连锁反应，例如"温州逃跑"事件[①]、"山东辱母杀人案"[②] 等。这些事件的发生一方面不利于经济的稳定增长，另一方面事件产生的负面影响也不利于社会的和谐与稳定。基于此，寻找适合中小企业的新型融资方式迫在眉睫。在此背景下，本研究从供应链金融视角出发，探索缓解中小企业融资难问题新思路。这在有利于促进中小企业持续健康发展的基础上，对于保持经济社会稳定也具有重要的现实意义。

---

① 事件的导火索是 2011 年 9 月 20 日，号称"眼镜大王"的胡福林由于负债过高、资金链断裂而逃跑，从而掀起了轩然大波。此后，温州频频传出民间借贷资金链断裂、企业破产倒闭、企业主及担保公司老板逃走的消息，网络上还爆出了一份《温州老板跑路清单》，涉及金额从几千万元到十几亿元不等。

② "山东辱母杀人案"又被称作"4.14 聊城于欢案"，是指 2016 年 4 月 14 日发生在山东省聊城冠县的刑事案件。案件起因是民营企业家苏银霞由于不能从银行获得贷款，为了偿还经营中出现的债务，转向吴学占借高利贷。此后，吴指使由社会闲散人员组成的 10 多人催债队伍多次骚扰苏的工厂，辱骂、殴打苏银霞。2016 年 4 月 13 日，在苏已抵押的房子里，吴指使手下大便，将苏银霞按进马桶里，要求其还钱。当日下午，苏银霞四次拨打 110 和市长热线，但并没有得到帮助。次日，苏银霞的儿子于欢从接待室的桌子上摸到一把水果刀乱捅，致使杜志浩等四名催债人员被捅伤。其中，杜志浩因失血性休克死亡，另两人重伤，一人轻伤。2017 年 2 月 17 日，山东省聊城市中级人民法院一审以故意伤害罪判处于欢无期徒刑。这一事件的发生在社会上引起了广泛影响。2017 年 5 月 27 日，该案二审公开开庭审理。山东省高级人民法院采取微博直播的方式通报庭审相关信息。2017 年 6 月 23 日，山东省高级人民法院认定于欢属防卫过当，构成故意伤害罪，判处于欢有期徒刑 5 年。2018 年 1 月 6 日，该案入选 2017 年度人民法院十大刑事案件。2018 年 2 月 1 日，该案入选 2017 年推动法治进程十大案件。

其次，基于供应链网络的供应链金融作为中小企业融资的一种有效创新，对于切实破解中小企业融资难具有一定的意义。但由于供应链金融尚处于发展阶段，对于中小企业而言还是一个新生事物，因此，如何运用供应链金融有效获得供应链融资对于中小企业而言还具有一定的挑战性。本研究从中小企业能力视角出发，探索其对中小企业供应链融资绩效的影响，试图阐明形成独特的能力体系对增强中小企业供应链融资以及获得成长的关键作用，从而有助于中小企业找准发力点，形成内外兼具的能力体系。此外，在供应链金融中，探索供应链整合与信息技术应用在降低信息不对称方面的权变作用，能够为中小企业清晰表明采用供应链融资解决方案以及提升供应链融资绩效的情境因素，帮助其有的放矢。因此，本研究立足于中小企业，探索供应链金融中中小企业能力通过供应链融资解决方案采用对供应链融资绩效产生影响的内化机制以及影响内化机制发生的作用条件，能够为中小企业运用供应链金融获得融资与成长的管理实践提供理论启示与具体指导意见。

第四节 研究难点与创新

一 研究难点

第一，文献获取与构念测量难度较大。作为一个新兴的研究领域，尽管供应链金融近几年得到学术界的广泛关注，但相关的参考文献尤其是实证研究文献相对较少。此外，在本研究的理论模型框架中涉及供应链融资解决方案采用、供应链融资绩效、信息技术应用等新构念的测量，尽管这些构念在国外研究中有相关的测量量表，但是到目前为止还未形成一致公认的成熟量表。因此，在中国研究情境中，如何结合变量本身的内涵，在借鉴国外与这些变量相关的测量量表与题项的基础上，形成具有较高信度和效度的测量量表是本研究需要面临的一个重要挑战。

第二，数据采集难度较大。在本研究中，所需要的中小企业样本必须要有供应链金融业务的开展。并且，在实证研究中，为了保证研究结果的可靠性，用于实证分析的有效样本数据必须能够满足一定的数量要求。但是，由于目前供应链金融尚处于发展阶段，我国目前采用供应链金融的中小企业数量相对较少。因此，本研究样本数据收集的难度较大，如何有效地获取充足的高质量样本数据是本研究所面临的一个困难。

二 创新点

其一，研究内容创新。供应链金融作为一个新兴的研究领域，以往针对供应链金融展开的研究大多停留在理论分析层面（Hofmann and Kotzab，2010；Pfohl and Gomm，2009；Gomm，2010；Wuttke et al.，2013a，3013b；More and Basu，2013；Wandfluh et al.，2016；闫俊宏、许祥秦，2007；胡跃飞、黄少卿，2009；宋华，2015；宋华、陈思洁，2016），而针对供应链金融开展的实证研究较少。本研究针对供应链金融这种新型的融资方式，创新性地将中小企业能力作为前因变量，构建了其在供应链金融中对供应链融资解决方案采用以及供应链融资绩效影响的内化机制理论模型，并引入供应链整合和信息技术应用作为影响这一内化机制产生的作用条件。通过这一理论模型的构建与检验，能够对供应链融资的前因及其影响进行深入探索，有效地弥补了以往供应链金融相关研究中的理论空白。

其二，理论视角创新。以往研究中对中小企业融资问题的探讨一般只是从信息不对称视角出发（Stiglitz and Weiss，1981；Chan et al.，1986；Chan and Thakor，1987；张捷，2002；平新乔、杨慕云，2009），本研究在信息不对称的基础上，结合能力与信息的视角，将企业能力理论与信息经济学同时引入供应链金融研究领域，为探索供应链金融中中小企业内外部能力通过供应链融资解决方案采用对其供应链融资绩效产生影响的内化机制以及影响内化机制发生的作用条件提供了强有力的理论基础。

其三，研究方法创新。目前对供应链金融的研究还处于一个探索性阶段，以往对供应链金融的相关研究更多的是理论分析与案例研究（Gelsomino et al.，2016）。本研究采取大样本调研的方式，对中小企业运用供应链金融提升融资水平进行实证研究，并采用准复制研究的方法，在采用多元回归分析对研究假设进行验证的基础上，利用模糊集比较分析（fsQCA）方法进行准复制研究，从而有助于保证研究结果的稳健性。因此，就研究方法而言，本研究具有一定的创新性。

第五节　研究方法与技术路线

一　研究方法

（一）文献研读与理论分析相结合

在对国内外企业能力理论与供应链金融相关经典文献进行广泛收集以及深入研读的基础上，一方面通过分析发现现有供应链金融相关研究的贡献与不足，另一方面通过对企业能力相关文献的系统梳理为本研究寻找理论切入点。然后，将企业能力理论的切入点应用到现有研究有关供应链融资的空白之处，从而为供应链金融相关研究提供坚实的理论基础，并能够以此为突破口构建本研究的基本理论逻辑模型。

（二）访谈法

作为供应链金融领域的相关研究，本研究中的多个构念最早是在国外研究情境中提出的，构念的设计以及论述更多的是基于西方文化背景。尤其是关于供应链融资方案采用、供应链融资绩效、信息技术应用等变量的测量，目前在国内研究中较少出现。因此，需要将最初形成的具体量表题项通过相关运营管理与供应链专家判断和筛选，以此保证量表具有较好的内容效度。此外，为了保证研究的科学严谨性，在基于国外已有研究的基础上，还需要通过访谈法在中国情境下对这些构念的维度以及测量等进行系统梳理与修正，最终结合国外量表及访谈结构形成构念维度并构建测量量表。

（三）问卷调查与统计分析

在通过问卷调查收集数据的基础上，本研究开展的统计分析主要包括问卷的描述性统计、探索性因子分析（EFA）、相关分析、验证性因子分析（CFA）和多元回归分析等。具体为基于文献研读以及结合中国情境形成各个研究构念的测量题项，从而产生本研究的初始问卷；在小样本进行预调研的基础上，需要对得到的数据进行检验，同时结合探索性因子分析结果对预调研所使用的问卷进行调整与优化，从而得到正式调查问卷；然后，通过发放正式调研问卷进行大样本调查，对大样本调查收集到的数据依次进行描述性统计分析、无响应偏差检验、共同方法偏差检验、信效度检验以及利用验证性因子分析进行拟合度检验等，从而保证测量工具以及样本数据具有较高的可靠性和有效性；最后，利用大样本调研得到的数据进行理论假设的检验，包括直接效应、中介效应以及间接效应等，使用的检验方法主要为多元回归模型。此外，本研究在问卷调查以及统计分析过程中所使用的统计分析软件主要是 LISREL 8.80 和 SPSS 22.0。

（四）复制研究

近年来，大量的领域都逐渐认识到统计结果可复制研究（replication study）的必要性。由于过于强调统计结果的显著性，在生物医学科学与心理学等领域，发表在高被引期刊上的大多数文章并不能进行成功的复制研究。复制研究评估的一个特定的先前研究结果是否可以被复制，包括基于不同情境的数据或者针对相同的数据利用不同的方法等。复制研究的类型划分标准主要包括两个维度，一是与原始研究数据以及研究情境的相似性，二是与原始研究研究设计的相似性。其中，研究情境的相似性又可以划分为三种情况，即使用相同的数据、在相同的研究情境中选取不同样本与不同的研究情境；而研究设计的相似性包括相同的研究设计与不同的研究设两种情况,两个维度的不同组合产生了六种准复制研究类型。一般而言,复制研究的目标不是推翻先前研究的结果,而是为先前的研究提供额外证据(Bettis et al.,2016),进而提高研究结果的稳健性与普适性。因此,复制研究对于建立一个累积的研究知识体系是至关重要的。鉴于以往对于供应链金融所开展的实证研究较少,并未形成较为广泛接受与普适的研究结果,本研究将采用复制研究的方法,在保证研究结果具有较强的稳健性的基础上,提升本研究结果的理论与应用价值。

(五)定性比较分析

随着企业所面临的内外部环境复杂程度的提高,对于企业所面临的问题,传统研究中的单一前因变量或者少数权变因素的相互影响并不能给出有效解释。因此,管理学中的研究逻辑也并不局限在简单的线性逻辑,而是逐渐过渡到全局逻辑,更加关注能够解决存在多维度、多变量等复杂问题的构型研究(龚丽敏等,2014;张驰等,2017)。而定性比较分析方法(qualitative comparative analysis,QCA)以集合论和布尔运算为基础,对于解决构型研究问题具有较强的适用性(Fiss,2007;2011)。随着QCA方法的发展与成熟,其在处理大样本以及解决更为复杂的问题方面受到管理学者的关注(杜运周、李永发,2017),并且在战略类型(Fiss,2011)、公司治理以及制度响应(Crilly et al.,2012)等领域有着广泛应用。在具体研究中,研究者可以根据数据类型不同使用QCA方法的不同技术,主要针对二分数据(例如0/1)清晰集定性比较分析(csQCA)、针对定类(例如婚姻状况有未婚、已婚、离婚等)或定序(例如低/中/高)等数据的多值集定性比较分析(mvQCA)以及针对连续变量(如李克特量表)数据的模糊集定性比较分析(fsQCA)。鉴于此,在本研究中,我们将运用模糊集定性比较分析方法开展复制研究,从而在此基础上弥补传统定量研究的不足,保证研究结果的可靠性,并对实证检验进行丰富与拓展。

二 技术路线

基于"提出问题—分析与研究问题—解决问题"的基本逻辑，本研究的技术路线如图1-1所示。

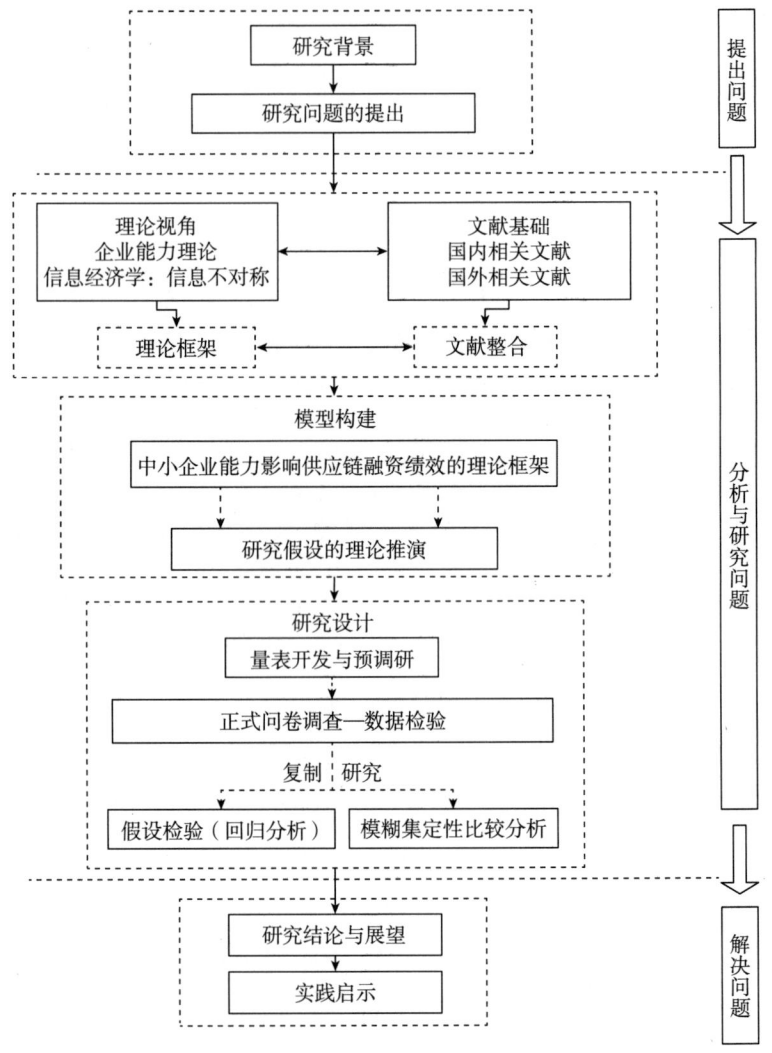

图1-1 本研究的技术路线

首先，提出问题。中小企业作为推动我国经济发展和社会进步的重要力量，成为我国国民经济的重要组成部分。因此，中小企业的健康稳定发展是保证国家经济平稳增长的重要基础。然而，融资难、融资贵等问题一直以来是制约中小企业发展与绩效提升的桎梏。近几年，越来越多的中小企业通过供应链金融解决其融资难问题。大量研究表明，供应链金融能够显著缓解中小企业信息不对称，提升其供应链融资绩效。但对于什么样的中小企业可以获得供应链融资，以及供应链金融如何降低信息不对称等问题却鲜有研究予以探讨。鉴于此，一方面，本研究基于企业能力理论中"企业能力—竞争优势—企业绩效"的基本理论逻辑，构建了中小企业创新能力与市场响应能力通过供应链融资方案采用影响其供应链融资绩效的理论模型；另一方面，结合信息不对称理论，本研究通过引入供应链整合与信息技术应用等概念，探索供应链金融降低事前与事后信息不对称从而促进供应链融资绩效的作用机制。

其次，分析与研究问题。本研究在对企业能力理论、中小企业融资以及供应链金融等国内外相关文献进行系统梳理的基础上，结合企业能力理论的基本逻辑和信息不对称理论，构建了中小企业能力影响供应链融资绩效的整合理论框架。作为供应链金融领域的一项探索性研究，本研究采用准复制研究方法，在采用多元回归分析对研究假设进行验证的基础上，同时利用模糊集定性比较分析方法进行准复制研究。基于此，一方面保证研究结果的稳健性，另一方面进一步对各个变量之间的关系进行梳理与分析，以期对实证研究的结果予以丰富和补充。本研究采用问卷调查的方式进行样本数据收集。在预调研中，本研究共发放问卷100份，其中获得84份有效问卷。通过探索性因子分析形成本研究中创新能力、市场响应能力、供应链融资方案采用、供应链融资绩效、供应链整合与信息技术应用等主要构念的正式测量量表。基于前期调研发现的六家提供供应链金融服务的核心企业，并在其协助与支持下，向其提供融资的中小企业客户共发放正式问卷300份，得到合格问卷248份。结合多元回归分析与模糊集定性比较分析对个理论假设予以验证。

最后，解决问题。基于多元回归分析与模糊集定性比较分析的检验结果，本研究得到相关的研究结论，主要包括中小企业能力与供应链融资之间的关系和供应链金融中的信息传递机制两个方面。在研究结论的基础上，本研究将进一步对中小企业管理实践提供指导与实践启示。

第六节 研究框架与研究内容

本研究的基本思路为：首先，基于理论与实践背景得到本研究的主要研究问题；其次，在理论分析与文献回顾的基础上构建中小企业能力影响其供应链融资绩效的理论模型框架，并基于理论逻辑推演本研究基本假设，对研究中所涉及的构念进行量表开发与预调研，在此基础之上形成正式问卷，然后针对正式调研的数据进行复制研究；最后，得到本研究的主要结论与实践启示。本书的研究框架共包括七章，具体而言，每章的主要内容有：

第一章是绪论，主要基于实践与理论背景，寻找本研究的理论与实践切入点，从而界定本研究的主要研究问题。在此基础上，对本研究的理论与实践意义，研究方法与技术路线，以及研究存在的难度与创新点等予以介绍。

第二章详细梳理与回顾本研究中所涉及的相关理论与研究，包括对企业能力理论进行详细的追踪与梳理，在此基础上总结企业能力理论的基本逻辑；此外，对信息不对称与中小企业融资相关的文献进行系统回顾，同时对供应链金融的产生与发展、概念与模式等进行详细总结，并通过文献梳理对影响供应链融资绩效的情境因素进行分析。通过文献梳理与回顾寻找现有研究的不足，从而为本研究提供理论切入点与突破口。

第三章是研究模型构建与理论假设的提出。基于企业能力理论的基本逻辑，以及结合信息不对称的相关思想，本章构建中小企业能力通过供应链融资方案采用影响供应链融资绩效的理论模型，并引入供应链整合与信息技术应用作为影响这一过程的情境因素。在此基础上，通过理论推演，形成本研究相关的理论假设。

第四章根据第三章提出的理论模型进行了科学严谨的研究设计。其中，包括按照量表开发的程序与步骤对理论模型中所涉及的各个构念进行了量表开发，基于前人的研究成果，形成本研究的初始测量量表。利用初始量表进行小样本调研，然后根据探索性因子分析结果修正与纯化量表，并最终形成本研究大样本调研中所使用的正式调查问卷。

第五章是正式问卷调查与各个研究假设的实证检验。首先，在确定调查对象后，对正式调查问卷进行分发与回收；其次，对收集到的数据进行基本分析与检验，包括数据的描述性统计分析、共同方法偏差分析、无反应偏差分析以及信效度检验；最后，在保证数据质量的前提下，本研究利用多元回归分析对各个理论假设进行实证检验。

第六章为模糊集定性比较分析，主要利用定性比较分析方法进行准复制研究。在对定性比较分析进行介绍的基础上，对问卷调研所收集到的数据进行校验处理，使其转化为定性比较分析能够使用的标准数据。然后，分别将供应链融资解决方案采用与供应链融资绩效作为结果变量进行 fsQCA 分析。

第七章为结论与讨论。基于第五章实证检验结果与第六章定性比较分析结果对本研究结论进行详细分析，并在此基础上提出本研究的理论贡献与管理启示。同时，通过总结本研究的不足之处，提出未来可能会存在的研究方向。

第 二 章
理论基础与文献综述

本章主要对本研究中所涉及的相关理论与研究进行详细梳理与回顾,其中包括对企业能力理论进行追踪与梳理,在此基础上总结企业能力理论的基本逻辑;此外,对信息不对称与中小企业融资相关的文献进行系统回顾,同时对供应链金融的产生与发展、概念与模式等研究现状进行详细总结,并通过文献梳理对影响供应链融资绩效的情境因素进行分析。旨在对目前相关研究现状进行梳理的基础上发现研究切入点,为构建本研究的理论模型提供坚实的理论基础与理论突破口。

第一节 企业能力理论

一 企业能力理论的产生与发展
(一) 企业能力理论的产生

在传统的产业经济学分析中认为,企业的竞争优势是由其市场结构决定的,不完全的市场结构导致了企业之间的差异性,从而成为企业利润来源。哈佛学派的 Bain(1959)提出的"结构—行为—绩效"(SCP,Structure–Conduct–Performance)模型认为:行业的市场结构是企业"行为"(也就是企业所能参与的获得范围)的主要决定因素，从而能够进一步决定企业在整个市场中的绩效表现。这一模型将市场结构作为一个既定事实，并没有进一步阐述市场结构是如何形成的。之后，在解释为什么有的企业绩效总是好于其他企业这一问题时，Porter（1980）接受了 SCP 模型的观点，他认为企业绩效来源于其所处的市场结构，对于企业而言，寻求长期绩效的优势应该选择进入不完全竞争的行业。在其竞争战略分析中，Porter（1985）指出市场结构决定了企业的竞争优势，特别是在进行行业选择时应该进行五力模型分析①，而这五种力量综合决定了企业在行业中是否具有竞争优势。因此，行业选择是企业最重要的一个战略决策。

传统的产业经济学以及产业竞争优势理论均过分关注企业外部环境，只是从企业的外部市场结构以及面临的产业环境出发分析企业的竞争优势，强调企业选择合适的行业或者细分市场的重要性，并要做到准确"定位"。但伴随着新产品与新技术的出现，顾客偏好转移的速度加快，同时企业边界也变得逐渐模糊（李怡靖，2003）。因此，Demsetz（1973）认为，企业所处的行业结构并不是决定企业绩效的唯一因素，同时长期的绩效优势并不能被作为企业从事反竞争性活动的外在证据。他认为一些企业之所以能表现出长期的绩效优势，可能是因为它们比较幸运，也可能是因为它们比其他企业更能满足客户的需求。在这一背景下，战略领域开始转向企业自身角度，从企业内部资源以及能力等方面对企业在行业中的竞争优势予以探讨。由此，企业能力理论逐渐成为分析企业竞争优势以及企业成长的主要理论框架。

（二）企业能力理论溯源与演进

企业能力理论的理论溯源可以追踪到 Smith（1776）的企业内部劳动分工理论、Marshall（1925）的内部成长论以及 Penrose（1959）的企业成长论。最早是 Smith（1776）在其《国富论》中便指出企

---

① 波特的五力模型具体包括现有竞争者的竞争、潜在竞争者的进入、替代品的威胁、供应商讨价还价的能力以及客户讨价还价的能力。

业中的劳动分工是降低生产成本、提升劳动生产率以及促进经济增长的关键因素，劳动分工理论将企业视作一个能力分工体系（谷奇峰、丁慧平，2009）。而 Marshall（1925）的企业内部成长论认为劳动分工必然会导致职能工作的分解，从而会给企业带来内部协调问题，因此劳动分工也促使企业内部生产与协调能力的提升，从而推动了企业的不断成长和进化。英国经济学家 Penrose（1959）则更为聚焦对单个企业成长的研究，在其《企业成长论》一书中指出，企业作为一系列资源的集合体，促进其成长的能力是其能够逐渐拓展生产机会的知识累积倾向。因此，企业成长理论为后来的资源基础观理论提供了坚实的理论基础。

基于上述理论基础，企业能力理论出现并不断得到成熟。企业能力理论的理论渊源与演进路径如图 2-1 所示。具体而言，自 20 世纪 80 年代开始，企业能力理论出现了两大流派，即资源观与能力观。以 Wernerfelt（1984）、Barney（1991，2001）等学者为代表的资源基础观从企业拥有的资源视角出发，指出企业竞争优势的产生源其拥有的特殊资源。与传统的产业竞争理论不同，尽管资源基础观的提出为企业如何获取并保持竞争优势提供了新的理论解释视角，但令人费解的是，许多具有独特资源的企业在市场竞争中也不能获得良好竞争优势从而提升企业绩效。此外，资源学派对资源的界定也比较模糊，更加关注企业内部资源的积累与运用以及企业内在的成长，对企业如何更好地适应外部环境考虑不足。

随着全球化以及信息技术的发展，能够给企业带来竞争优势的稀缺、难得、难模仿以及难替代的资源不复存在，同一市场体系中企业间的资源同质性程度不断提高（冯海龙、焦豪，2007）。基于此，有学者认为资源对企业固然重要，但企业成功的关键还在于利用资源的能力（Grant，1991）。例如，Lawrence 和 Lorsch（1967）在对复杂组织的差异化和整合进行研究时，便提出整合能力的概念。因此，随着对资源基础观理论研究的发展与深入，与其有着紧密联系的能力观理论也逐渐开始受到关注并产生，其中最具有代表性且影响力最为广泛的便是 Prahalad 和 Hamel（1990）的核心能力理论以及 Teece 等（1997）提出的动态能力理论。此后，有学者逐渐关注提升企业竞争优势的能力该如何决定这一问题，并认识到企业中隐性的内部知识对于企业资源与能力的重要性，从而推动了知识基础观的产生与发展（Grant，1991，1996；Zollo and Winter，2002）。

```
                  ┌──────────────────────────────────┐
                  │ 企业内部劳动分工理论（Smith，1776）│
                  │ 企业内部成长论（Marshall，1925）  │
                  │ 企业成长论（Penrose，1959）       │
                  │           理论渊源                │
                  └──────────────────────────────────┘
资源观：                  │               │           能力观：
企业是资源的集合体；      │               │           企业是能力的集合体；
具有异质资源；            │               │           核心能力是企业长期竞争
是企业长期竞争优势的来源；│               │           优势的来源；
                  ▼                               ▼
         ┌────────────────────┐        ┌────────────────────┐
         │  企业资源基础理论  │        │    核心能力理论    │
         │ （Wernerfelt，1984）│        │（Prahalad and Hamel,│
         │ 企业资源与持续竞争 │        │       1990）       │
         │       优势         │        │   动态能力理论     │
         │（Barney，1991，2001）│       │（Teece et al.,1997）│
         └────────────────────┘        └────────────────────┘
                    │                           │
                    └─────────────┬─────────────┘
                                  ▼
                  ┌──────────────────────────────────┐
                  │         知识基础理论             │
                  │（Grant，1996；Zollo and Winter，2002）│
                  │ 企业是知识的集合体，隐性的知识是企业│
                  │     成长以及期竞争优势的来源     │
                  └──────────────────────────────────┘
```

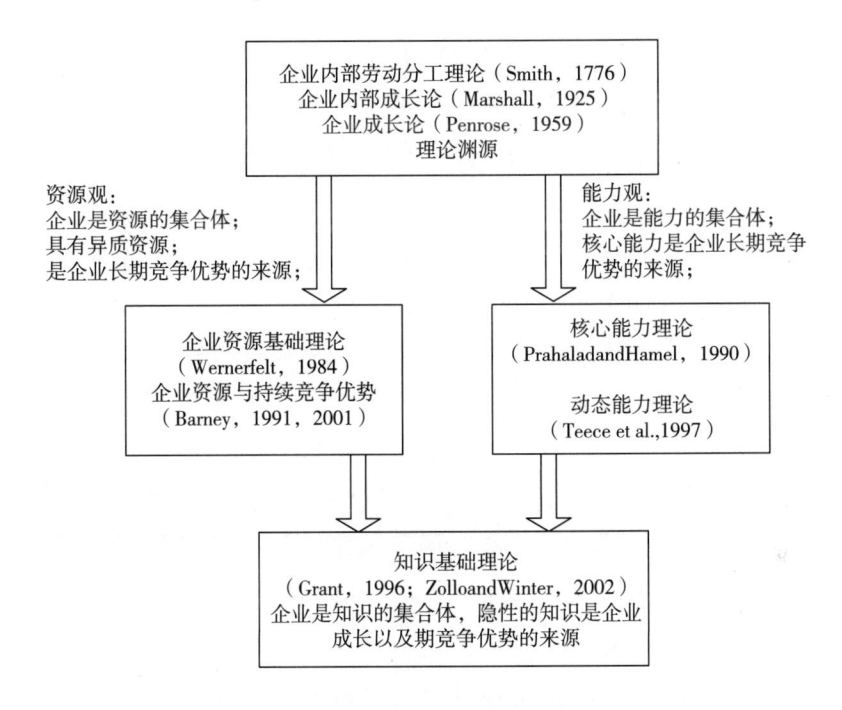

图 2-1　企业能力理论的理论渊源与演进

资料来源：作者整理所得。

二　企业能力的构成

（一）基于资源基础观的企业能力

资源基础观回答的问题是企业之间为什么会存在绩效上的差异。基于企业为实施产品市场战略而培养或购得的资源，Wernerfelt（1984）最早提出一套竞争优势理论，通过对这一理论的阐述试图对波特以市场结构为基础的竞争优势理论起到补充的作用。这种竞争优势理论认为，企业所控制的资源结构可以反映出其采取的产品市场策略，因而企业市场战略的竞争也可以体现在资源结构竞争方面。这一理论抓住了资源竞争这一点，并且认为资源是异质的且不可流动的，而竞争优势的根源便在于企业异质的资源，从而成为资源基础观（RBV）理论的开端。企业作为资源的集合体，Wernerfelt（1984）认为企业资源是能够与企业联系在一起的有形或者无形资产。Barney（1986）引入了"战略要素市场"概念，认为在完全市场竞争的环境中，根据企业从战略要素市场上获取资源的状态，便可以对其运用资源实施市场战略的效果进行预见。企业作为创造和分配资金的组织体（Rumelt，1984），如果战略要素市场是一种完全竞争市场，即使企业针对非完全竞争产品开展的市场战略能够被成功实施，企业也并不能从这些市场战略中获得以及创造经济租金（Barney，1986）。Barney（1986）指出，与那些需要从外部才能获得的资源相比较，企业已经拥有或者控制的资源能够为其产生经济租金的概率更大。因为企业所控制的资源具有时间压缩的非经济性、因果关系模糊性、资产的互相关联性以及资源存量累积的效率性等特征，使其受到战略要素市场竞争影响的可能性较低，从而能够产生经济租金（Dierickx and Cool，1989）。由于企业特殊的资源能够为其带来经济租金，为了获得经济租金，没有特殊资源的企业会通过模仿获取租金，从而导致具有特殊资源的企业租金消散。因此，企业需构建一种隔离机制避免这种情况的出现（Rumelt，1984）。此外，企业要想获得持续竞争优势，其所拥有的资源需要具备一些差异化特征，主要表现为稀缺的、有价值的、不可模仿以及不可替代的等（Barney，1991，2001），这样的资源才能够为企业带来持续竞争优势，即"持续租金"，从而保证企业持续获得良好绩效。

（二）基于核心能力的企业能力

同样是分析企业竞争优势的理论，与资源基础观强调企业资源不同的是，基于核心能力的企业能力理论将企业看作一个能力的集合体，而企业所具有的核心能力成为其长期竞争优势的主要来源。Prahalad 和 Hamel（1990）在其"The Core Competence of the Corporation"一文中通过对一家日本企业与美国企业差异的对比，进而发现并提出企业本质上是一个能力体系的论断，由此标志着核心能力理论的形成。对于企业核心能力的概念，学者们从不同角度给予不同界定（王毅等，2000）。Prahalad 和 Hamel（1990）认为组织中的积累性学识构成了企业的核心能力，而由核心能力产生的核心竞争力是企业通过各种技术、技能和知识进行整合而获得的能力，本质上是企业各种资源和能力综合作用而产生的合力。Lenard – Barton（1992）的知识观更加强调核心能力的知识特征，认为核心能力是一个包括员工技能、管理系统、知识以及价值观在内的一个竞争力系统；组合观简单地将企业的核心能力认为是各种能力的组合（Coombs，1996）；网络观将核心能力界定为企业中的技能网络，这种网络是各种技能在企业中基于相互关系而形成的（Klein et al.，1998）；Sanchez 等（1997）学者从协调的视角出发，认为企业的核心能力是企业所拥有的各种资产与技能之间相互协调配置的结果。

由于核心能力是持续企业竞争优势获取的关键，所以对于企业而言如何准确识别核心能力是至关重要的。核心竞争力的识别具有三个标准，即用户价值性、独特性以及延展性（Prahalad and Hamel，1990），基于核心能力的多维性与多层次性，Walsh 和 Linton（2001）提出金字塔模型用来识别与分析企业核心能力。在具体操作方面，核心能力的识别可以分为三个步骤，首先识别关键技能，其次确定企业能力，最后便是从企业的核心能力中识别核心能力（Hafeez et al.，2002）。而对于核心能力如何产生的作用机制以及企业应该如何有效培养与形成核心能力等，也是以往核心能力相关研究重点关注的内容。以往文献分别从企业资源基础论视角、知识创造与累计视角、组织学习视角、企业家能力转化视角、企业创新视角以及系统整合视角等不同角度探讨企业核心能力的形成过程（王宏起、武建龙，2007）。组织学习是建立与强化核心能力的根本途径，企业家创新精神是动力源泉（Liu and Jinsheng，2009）。但是，核心能力作为持续竞争优势的来源，在核心能力发挥作用的过程中，也存在着"核心刚性"，从而会阻碍核心能力作用的发挥（Lenard – Barton，1992）。

（三）基于动态能力的企业能力

随着环境的动态变化，资源基础观遇到了理论边界，针对有些企业在不可预测的环境中能够保持竞争优势，而有些原本具有竞争优势的企业却以失败而告终这一问题并不能给出合理解释。

此外，对于企业而言，其核心能力往往不能长期维持，同时由于核心能力存在着"核心刚性"的缺陷（Lenard – Barton，1992），从而使其不能为企业带来持续的竞争优势。基于此，Teece 和 Pisano（1994）提出了"动态能力"这一概念，Teece 等（1997）在"Dynamic capabilities and strategic management"一文中进行了更为系统的阐述。此后，动态能力理论成为企业能力理论体系中解释企业竞争优势获取的一个主要理论依据。尽管以往研究对动态能力研究比较深入，但对其概念界定并没有得到学界的一致统一，不同学者从不同角度对动态能力予以界定（如表 2 – 1 所示）。

表 2 – 1　　　　　　　　动态能力的代表性概念总结

学者	界定
Teece and Pisano（1994）；Teece et al.（1997）	企业通过整合、构建或重构内外部资源与技能等，以适应外部环境快速变化的能力
Eisenhardt and Matin（2000）	动态能力是一种组织过程或战略惯例，通过对企业内部资源进行获取、整合或者重组以适应外部市场的变化，或者依靠以往惯例持续变化资源配置从而适应环境变化
Zollo and Winter（2002）	动态能力企业中的一种的集体学习模式，是企业能够通过自我调整提升自我效率
Helfat and Peteraf（2003）	动态能力本身并不是一种能力，而是企业中的一种惯例，借助于这种惯例，可以使企业的能力不断演进，从而适应环境变化

续表

学者	界定
Winter（2003）	动态能力是企业扩展、修正或者创造一般能力的能力
董俊武等（2004）	动态能力是企业调整或改进作为其竞争优势来源能力的能力
Zahra et al.（2006）	从本质上而言，动态能力是企业能够通过资源重组或整合以应对顾客需求变化和竞争对手的一种导向型能力
Wang and Ahmed（2007）	动态能力是一种行为导向，通过对资源和能力的再配置与再创造实现资源升级，从而应对变化的市场以保持竞争优势
Cepeda and Vera（2007）	动态能力是一种高阶能力，即改变运营能力的能力
徐万里等（2009）	动态能力是企业坚持不懈地调整与提升其运营能力的能力
Makkonen et al.（2014）；马鸿佳等（2014）	动态能力是组织为适应外部环境重构内外部资源以及学习的能力

资料来源：作者基于相关文献整理所得。

以往对动态能力的研究认为动态能力具有阶层化特征，作为一种高阶能力，动态能力也具有相应的维度结构（如表 2-2 所示）。例如，Collis（1994）最早提出组织能力阶层观点，并指出企业基本职能活动的开展能力、动态能力及其对自身潜力的认知开发能力是组织能力的主要构成内容，其中动态能力又可以划分为研发能力、创新能力、柔性制造能力等维度；Teece 等（1997）将动态能力描述为具有操作性的三个维度，即定位、路径与过程，基于此，企业的战略举措可以分解为三个维度来衡量企业的动态能力；以 Collis（1994）的阶层能力为基础，Winter（2003）提出了动态能力阶层模型，他认为动态能力广义上至少包括零阶（相对概念）、一阶能力（适应能力）与二阶能力（创造新能力的能力）三个层次，而狭义上就是适应能力与创造新能力的能力；Wang 和 Ahmed（2007）认为企业所拥有的资源基础构成其零阶能力，与竞争优势有直接关系的是"核心能力"（二阶能力），而三阶能力才是企业的动态能力，具体包括适应能力、吸收能力与创新能力三个维度。

表2–2　　　　　　　　　　　动态能力的维度划分

学者	维度
Collis（1994）	研发能力、创新能力、柔性制造能力
Teece et al.（1997）	定位、路径、过程
Winter（2003）	一阶能力（适应能力）、二阶能力（创造新能力的能力）
贺小刚等（2006）	市场潜力、组织柔性、战略隔绝、组织学习、组织变革
Wu（2007）	资源整合能力、资源再配置能力、学习能力
Wang and Ahmed（2007）	适应能力、吸收能力与创新能力
焦豪等（2008）	环境洞察能力、变革更新能力、技术柔性能力、组织柔性能力
董保宝等（2011）	环境适应能力、组织变革能力、资源整合能力、学习能力、战略隔绝机制
Lin and Wu（2014）	整合能力、学习能力、重构能力
马鸿佳等（2014）	环境适应能力、资源整合能力、学习能力

资料来源：作者基于相关文献整理所得。

对于动态能力的获取与形成，其影响因素主要可以分为资源与组织两大类（李兴旺等，2011）。其中，主要包括组织的流程设计、路径依赖（Teece et al.，1997），企业文化与企业家精神（Zahra et al.，2006），组织结构、组织行为、组织学习以及组织惯性等组织因素（李兴旺等，2011），企业家能力（魏江、焦豪，2008），等等。就动态能力的形成过程而言，也存在多种观点，例如组织学习观认为动态能力的形成依赖于组织学习（Zollo and Winter，2002），组织流程观则认为动态能力本身存在于组织的流程中，强调高效率的组织流程对于提升动态能力的作用（Teece et al.，1997；陈卓勇、吴晓波，2006），此外还有学者从组织能力观、知识演变观以及技术观等理论视角探索动态能力的形成机制（李兴旺等，2011）。通过对基于动态能力的企业能力理论进行回顾发现，动态能力的概念相对比较分散，存在不同视角、不同学科下的界定与分析。这一理论过度强调环境的变化性，把环境作为外部输入，而并没有将其作为分析框架中的一部分，因而也并未进一步指出企业竞争能力本源的问题。

（四）基于知识基础观的企业能力

随着对资源基础观以及能力观等理论研究的深入，越来越多的学者认识到企业能够获取竞争优势的关键存在于企业所掌握的隐性知识，这种知识决定了企业的能力，并且由于很难被竞争对手模仿，从而能够保证企业持续竞争优势的产生与维持。因此，知识基础观认为企业的本质是一个知识的集合体，尤其是隐藏在企业能力背后的隐性知识以及与之紧密联系的认识学习构成了企业核心能力的基础，而正是这种特殊的知识体系为企业带来核心竞争力。同时，企业具有知识专有性，由于企业间知识的差异导致其能力的差异，从而使企业获得经济租金（Conner and Prahalad，1996）。企业中的个体在知识创造与存储过程中具有重要作用，而企业的功能就是将分散在各个个体中的知识整合为组织的知识，进而将其转化为产品或劳务（Grant，1996）。Zollo 和 Winter（2002）基于组织知识演化，从更深层分析了组织知识的学习机制，他们指出企业能力是企业经验性知识的反映，而这种知识产生于三个方面，首先是企业隐性经验的积累，是在企业运行中不断修正的过程，以实现学习的目的；其次来源于显性知识的明确化，主要是通过讨论、报告以及评估等活动使组织中的知识明晰化；最后是将知识予以编码的相关活动，例如公司内部的手册、电子表格等。基于知识基础观的企业能力理论认为企业要想维持竞争优势，及时更新企业特殊的知识最为关键。企业仅仅注重现有知识的利用还不够，还应该在提高现有知识效用的基础上及时获取未来知识以有效应对外部环境的变化，从而保持竞争优势，促进企业成长（谷奇峰、丁慧平，2009）。

三 企业能力与企业绩效

由于资源基础观、知识基础观、核心能力理论、动态能力理论等均可视作企业能力理论的体系范畴，且均是解释企业如何获取并维持竞争优势有效理论框架，从而以往研究中大量文献对企业能力与企业竞争优势获得以及企业绩效之间的关系予以探讨（见表2-3）。本节主要对从企业能力视角出发对企业竞争优势以及企业绩效进行研究的相关文献进行梳理，在此基础上归纳与总结企业能力与企业竞争优势以及绩效之间的关系。

首先，通过文化梳理发现，就企业能力与竞争优势获得的关系的相关研究涉及市场营销（Srivastava et al., 2001）、知识管理（Chuang, 2004; Hou and Chien, 2010）、创新创业管理（Wiklund and Shepherd, 2003; Teng, 2007; Teece, 2014; 马鸿佳等, 2014）、物流与供应链管理（Barney, 2012; Blome et al., 2013; Vanpoucke et al., 2014）、运营管理（Torbjørn et al., 2013; Reuter et al., 2010）、服务管理（Clulow et al., 2003）、人力资源管理（Shaw et al., 2014; 高素英等, 2012）、企业社会责任（Fang et al., 2010）、战略联盟（Cui and Jiao, 2011）等多个不同的研究领域与情境。有些研究同时结合两种能力视角对竞争优势予以分析，例如Agbim等（2014）结合资源基础观与知识基础观研究企业知识获取与竞争优势之间的关系；Kruasoma等（2015）结合资源基础观与动态能力对企业持续竞争优势的获取予以分析。此外，在新兴市场国家中，企业往往不具有核心竞争力，于是有学者提出结合核心能力理论与资源基础观的复合基础观，运用复合竞争的手段获取或者创造独特的竞争优势（陆亚东、孙金云, 2013, 2014; 焦凯, 2014）。虽然学术界对竞争优势没有统一界定，不同学者基于不同视角也提出了不同概念，例如，获得相对于竞争对手的特定市场优势（Hofer and Schendel, 1978）、创造的价值超过所花费的成本（Porter, 1985），以及实施现在或潜在的竞争对手不能实施的战略（Barney, 1991）均可被认定为企业具有竞争优势。但是，众多研究均表明，企业能力是企业竞争优势的主要来源与基础，并且，不管是基于资源、知识、核心能力还是动态能力的企业能力均有助于促进企业竞争优势的获取与保持，从而表明企业能力的培养与提升对于促进企业成长与发展具有重要意义。

其次，就企业能力与企业绩效之间的关系而言，其之间的关系研究一般包括两大类：直接作用研究与间接作用研究。自企业能力理论提出之后，大量文献研究表明基于资源（Schlemmer and Webb，2007；杨道箭、齐二石，2008）、基于核心能力（Agha et al.，2011；Liang et al.，2013；韩子天等，2008）、基于动态能力（曾萍，2009；Girod and Whittington，2017）以及基于知识（Wiklund and Shepherd，2003；Nguyen et al.，2016）等的企业能力对企业绩效提升具有直接作用；此外，企业能力与企业绩效之间的间接作用也是以往学者关注的一个重要领域（Protogerou，2008；曹红军、赵剑波，2008），企业的运作能力（Pavlou and Sawy，2011）、战略过程（曹红军、赵剑波，2008）等都可以作为中介变量在企业能力与绩效之间产生作用。以往研究也对多种情境下企业能力与绩效之间的关系进行了探讨。例如，在创业环境中，企业的动态能力对新创企业的竞争优势以及企业绩效有着积极作用，并且创业环境的动态性（刘井建，2011）、创业者拥有企业的年限（马鸿佳等，2014）等对企业能力与绩效之间的关系起着调节作用。而在企业能力影响企业绩效的研究中，企业绩效也没有得到统一，不同学者根据其研究情境选择不同的绩效结果，既有研究采用资产报酬率、销售增长率、利润增长率以及总资产增长率等财务绩效指标（Olivier et al.，2007；Nguyen et al.，2016），也有研究使用员工忠诚度、客户满意度、股东满意度以及上下游企业满意度等非财务绩效指标作为结果变量（Blome et al.，2013），还有学者将二者结合对企业绩效进行考察（刘刚、刘静，2013）。

综上所述，尽管以往文献中对于企业能力的研究非常丰富，但是对于企业能力的理解在学术界并未达成共识。因而，企业能力理论可以看作一个比较广泛的理论体系，资源基础观、知识基础观、核心能力理论、动态能力理论等都可以看作企业能力理论的范畴。企业能力理论关注的核心问题是在企业异质性假说下，从企业内部投入的角度对竞争优势的获得、保持和更新做出解释。并且，在企业竞争优势获取方面,与传统的产业分析理论认为企业竞争优势是外生的不同,企业能力理论更加强调企业竞争优势的内生论。企业能力理论从关注企业的外部市场结构以及市场的吸引力,转换为关注企业内在的资源与能力等因素,强调了企业能力的差异性(赵坚,2008),尤其是企业的动态能力和核心能力等关键能力在提升企业竞争优势方面具有重要作用,这些能力能够促进企业绩效的提升,进而可以促进企业成长(董保宝等,2011;Wu,2007,2010)。因此,"企业能力—竞争优势—企业绩效"构成了企业能力理论解释企业竞争优势以及企业成长的一般理论逻辑。

此外,基于对企业能力与竞争优势以及绩效之间关系的相关研究梳理发现,尽管目前相关研究成果比较丰富,但在以下几个方面还存在问题:

表2-3 企业能力与企业竞争优势、企业绩效之间关系的文献梳理

企业能力视角	竞争优势/企业绩效	研究文献
资源基础观	竞争优势	Srivastava et al. (2001); Clulow et al. (2003) Kearns and AL Lederer (2003); Newbert (2008); Chuang (2004); Teng (2007); Peteraf (2010); Barney (2012); Torbjørn et al. (2013); Agbim et al. (2014); Kruasoma et al. (2015); Rouse and Daellenbach (2015); Bareli et al. (2016); 高素英等 (2012); 彭雪蓉、刘洋 (2015)
	企业绩效:财务绩效/非财务绩效	Roberts and Dowling (2003); Schlemmer and Webb (2007); Furrer et al. (2007); Masakure et al. (2009); Gloede et al. (2013); Shaw et al. (2014); 杨道箭、齐二石 (2008); 魏谷、孙启新 (2014)
核心能力理论	竞争优势	Byrd (2001); Kak (2002); Hafeez et al. (2002); Cheng and Yeh (2007); Agha et al. (2011); 王永贵等 (2003); 王宏伟等 (2007)
	企业绩效:财务绩效/非财务绩效	Yan (2010); Agha et al. (2011); Liang et al. (2013); 韩子天等, (2008); 王念新等 (2010)

续表

企业能力视角	竞争优势/企业绩效	研究文献
动态能力理论	竞争优势	Reuter et al.（2010）；Cui and Jiao（2011）；Schilke（2013）；Li and Liu（2014）；Vanpoucke et al.（2014）；Kruasoma et al.（2015）；简兆权等（2009）；董保宝等（2011）；焦豪（2011）；马鸿佳等（2014，2015）
	企业绩效：财务绩效/非财务绩效	Protogerou（2008）；Augier and Teece，（2009）；Hou and Chien（2010）；Fang et al.（2010）；Girod and Whittington（2017）；曹红军、赵剑波（2008）；曾萍（2009）；刘刚、刘静（2013）
知识基础观	竞争优势	Coff（2003）；Mcevily and Chakravarthy（2010）；Agbim et al.（2014）；孙红霞（2016）
	企业绩效：财务绩效/非财务绩效	Wiklund and Shepherd（2003）；Bottazzi et al.（2008）；Wen et al.（2008）；Gao and Zhu（2015）；Chenet al.（2016）；Nguyen et al.（2016）；彭伟等（2012）

资料来源：作者根据相关文献研究整理所得。

其一，相对而言，企业能力与企业竞争优势获取关系的研究较企业能力与绩效之间关系的研究更为广泛。并且，以往文献对企业绩效提升进行在研究企业能力与竞争优势以及绩效之间的关系时，很多文献将企业的竞争优势与企业绩效混为一谈，而企业的竞争优势并不能等同于企业绩效（张敬伟、王迎军，2010），企业的卓越绩效应该来自企业基于能力所获得的价值优势，没有进一步认识到企业竞争优势是企业绩效的前因（董保宝、李全喜，2013）。

其二，就目前而言，专门针对中小企业探讨其能力与其竞争优势以及绩效关系的研究较少，且鲜有研究将企业能力运用到中小企业的企业融资研究领域。企业运营资金作为影响企业绩效的一个重要因素，能否获得充足的资金对中小企业的正常运作而言具有决定性作用。但目前研究中只有少量文献就中小企业能力对其绩效的影响进行分析（Wiklund and Shepherd，2003，魏谷、孙启新，2014），而将能力理论运用到中小企业融资问题中的研究更是不足。基于此，针对中小企业融资难问题，如何通过运用中小企业的能力提升其竞争优势带来融资绩效的提升是值得探讨的理论话题，因此，在中小企业融资相关研究中，企业能力理论有着广泛的拓展空间。

其三，供应链金融作为解决中小企业融资问题的一种有效方式，探索企业能力与供应链融资之间关系的研究更为少见。并且供应链融资绩效作为企业绩效的一个重要体现，如何基于中小企业能力提升其供应链融资绩效是一个需要进一步探讨的问题。在供应链金融情境中，往往是具有竞争优势的中小企业才能通过供应链融资解决方案提升融资绩效。尽管以往对企业能力与绩效相关的研究中对企业能力与绩效之间的关系进行了广泛探索，但企业能力是否会影响到中小企业供应链融资解决方案采用进而对其供应链融资绩效产生影响，成为一个值得研究的理论课题。

第二节　信息不对称与中小企业融资

一　信息不对称研究

（一）信息不对称的产生

在西方经典经济理论中有一个关键的条件假设，即市场中的信息具有"信息完备性"。由于具有完备的信息，在完美的市场中交易双方可以通过价格机制、供求机制以及竞争机制等实现帕累托最优，从而能够实现资源的有效合理配置。然而，随着经济理论和实践的不断发展，市场中"信息完备性"的假说不断受到挑战与质疑。Akerlof（1970）最早打破了这一假说，提出市场中信息不完全的命题。Akerlof（1970）以美国二手车市场为例，通过分析卖方与买方之间的行为，认为当卖方具有信息质量方面的优势时，将会出现"劣币驱逐良币"现象。具体表现为由于卖方不能完全了解所有二手车的相关信息，只能依据所有商品的平均质量进行定价，导致的结果就是市场中高于平均质量的产品自动退出，从而使得市场中商品的平均质量不断下降。这表明市场中信息存在不对称问题,因此买方只能根据平均质量支付价格,随着高质量产品的不断退出市场,将会引起市场萎缩以及社会福利损失(林毅夫、潘士远,2006)。信息不对称理论的提出推动了信息经济学的长足发展,此后信息不对称理论被应用到劳动力市场(Spence,1973)、保险市场(Rothschild and Stiglitz,1978)以及金融市场(Stiglitz and Weiss,1981)等各个领域相关问题的研究。

(二)信息不对称对中小企业融资的影响

信息不对称对于经济社会发展的影响主要反映为其带来的两个问题:逆向选择与道德风险。信息不对称可以分为事前和事后信息不对称两类(Donnelly et al.,2014),事前信息不对称导致信贷市场的逆向选择(Roberts,2015),事后信息不对称则会导致信贷市场的道德风险(Bubb and Kaufman,2014)。其中,逆向选择问题主要是指在市场交易的过程中由于信息不对称的存在引起劣质产品驱逐优质产品,导致整个市场中产品质量的下降;道德风险则指的是交易过程中伴随着其中一方最大程度的增强自身效应而采取不利于对方的行为(钟田丽等,2003)。信息不对称对于中小企业融资的影响,一直以来受到学者们的广泛关注,国内外大量学者对其进行了研究与探讨(Berger and Udell,1995,1998,2002;Watson and Wilson,2002;Feenstra et al.,2014;林毅夫、李永军,2001;李伟、成金华,2005;屈文洲等,2011;罗付岩,2013)。

在"信息完备性"的假设条件下,企业价值、资本结构以及平均资本成本等均与资金来源无关,从而在完备的资本市场中所有企业都不会具有融资约束问题(Modigliani and Miller,1959;李勇、胡非凡,2016)。但由于信息不对称的存在,中小企业因此会面临着严峻的融资难问题。具体表现为,一方面,出于机会主义动机,中小企业为成功从金融机构借到资金,往往将对自己不利的负面信息予以隐瞒,并夸大有助于提升贷款概率的资产以及信用状况等有利信息,从而导致信贷市场的逆向选择(Roberts,2015);另一方面,即便是在与金融机构签订贷款合同之后，也会存在信息不对称的问题，例如贷方对于借款者的不当资金使用行为（诸如改变贷款用途等）并不能完全掌握，更难以完全监督中小企业的行动，这也会导致信贷市场的道德风险（Bubb and Kaufman，2014）。在中小企业融资的过程中，基于信息不对称产生的逆向选择和道德风险，将会引起信贷配给问题（Stiglitz and Weiss，1981；李伟、成金华，2005）。当银行面临超额贷款需求时，由于不能对单个借款主体的风险进行准确判断，虽然提升利率能够增加收益，但会让低风险的优质中小企业退出市场。为了避免逆向选择的产生，银行并不会提高利率，其宁愿在低利率水平上拒绝部分贷款要求，而不愿在高利率水平上满足所有借款人的申请，这也就是所谓的信贷配给问题。因此，由于信息不对称的存在，使得资金提供方不能对中小企业的信用以及还款能力等做出准确判断，结果导致中小企业难以获得资金，即使能够获得资金也需要接受贷方出于覆盖风险目的而提供的高成本，从而导致信贷融资市场失灵（钟田丽等，2003）。

此外，在中小企业融资的情境中，中小企业自身的特性加剧了信贷配给问题，进一步决定了其难以有效获得信贷资金（邱笛，2015）。一般而言，中小企业规模较小，抗风险能力低。并且，由于中小企业大多处于竞争性较高的行业，市场环境的波动性使其经营更具不确定性（郑小萍、刘盛华，2010）。此外，中小企业发展不健全，内部制度不完善，从而使其不具备完备的财务报表制度以及可抵押的资产较少。因此，中小企业发展期不完善、规模较小、抗风险能力弱等特征，一方面使得外部金融机构较难掌握企业的状态，使得信贷配给问题更为突出；另一方面使其缺乏有效的抵押物不能有效规避其违约风险，从而加剧其融资困难（Adams and Levin,，2007；尹志超、甘犁，2011）。所以，解决中小企业融资难问题的关键是破解中小企业与贷方之间的信息不对称。

二 银行借贷

传统的银行借贷一直以来都是中小企业获得运营资金的主要途径。从金融学的视角看，传统银行借贷理论认为借贷时使用的信息可以分为两类：硬信息和软信息（Stein，2002）。其中，硬信息是指可以被金融机构直接证实的信息，这类信息包括企业的财务信息、企业拥有的资产信息、企业生产的产品种类数量与价格、宏观经济信息等，这类信息通常可以被量化并能够准确无误地在市场上传递与获取；软信息则是指只有信息提供者能够掌握并证实的信息，其他市场参与者并不能对这一类信息进行有效识别，如借款企业管理者的品质或能力等信息、特定机器的专用性知识等，这类信息难以量化，只能在有限范围内被熟悉的市场参与者了解和掌握（杨丰来、黄永航，2006）。在此基础上，Berger 和 Udell（2002）提出四种解决银行与企业之间的信息不对称性的方法，即基于财务状况的借贷、基于资产的借贷、基于信用的借贷和关系借贷。其中前三种属于交易借贷，与最后一种关系借贷存在明显差别。交易型借贷技术通常是基于容易量化的硬性信息，例如财务报表、市场信息、所得税信息等开展借贷业务；而关系借贷依赖于银行和中小企业之间的"关系"，并且涉及企业中管理者的私人信用、特征等相关信息（张捷，2002；平新乔、杨慕云，2009）。

就交易型借贷而言，首先，基于财务状况的借贷发放条件是基于借贷企业为申请贷款所提供的财务信息，例如资产负债表、利润表等，而这些信息对于中小企业而言，由于其发展不完善并且成长历史较短，因此很难提供完备的这类财务信息。其次，基于资产的借贷又可以被称作抵押担保型借贷，其贷款条件不是企业的财务信息，而是企业所提供的抵押品的质量或者数量，相关研究表明，抵押机制具有事后监控机能，借款人通过提供抵押品来显示自己可以缓解逆向选择问题（Stiglitz and Weiss，1981；Chan et al.，1986；Chan and Thakor，1987），从而能够在一定程度上降低借款人的违约风险。因为一旦借款者出现违约，银行可以获得抵押品这一部分偿付。所以基于资产的借贷被广泛应用在中小企业贷款中，房产抵押（Boot，2000）、设备抵押与车辆抵押（Petersen and Rajan，1994）等各种各样的抵押贷款形式也相应发展起来。但也有研究指出，抵押贷款也会伴随着较高的贷款违约率（Hester，1977；Scott and Smith，1986），从而伴随着较高的风险溢价（Booth and Chua，1996；Angbazo et al.，1998），Manove 和 Padilla（1997）认为较多的担保使银行不再对贷款申请者进行充分筛选，并且一部分借款者也会因低估破产概率以高担保去获得融资。最后，对于基于信用的贷款而言，由于对客户信用的计算需要复杂的信息技术以及统计模型，虽然成本较低且销量较高，但对信息系统以及数据积累具有较高要求。虽然也有学者提出可以通过引入与中小企业有关联的第三方企业或个人的信用信息弥补中小企业的信用不足（唐建新、陈冬，2007），但对于成长时间短、没有完善信用记录且业务网络较为薄弱的中小企业而言，其适用性也是有限的。

关系型借贷也是中小企业银行贷款中一种常用的借贷技术，其贷款条件主要是基于银企关系。在关系型借贷中，银企关系作为一种重要的软信息，需要建立在银行与中小企业长期稳定的合作基础之上。银行基于这种软信息，能够维持长期且高效的跨期定价，以此应对在信息不对称条件下的竞争优势（Sharpe，1990）。同时，Baltensperger（1978）认为紧密的银企关系可以促进银行对中小企业信息的充分了解，从而降低信息不对称所带来的交易与信息成本。关系借贷中，企业关系能够降低信贷审批时间，提高信贷额度与信贷可得性（Behr et al.，2011）。以往研究表明，相对于大银行而言，中小企业往往更能够从一些小银行获取贷款（Berger and Udell，1995；张捷，2002），由此在中小企业融资中产生了"小银行优势"（Small Bank Advantage）假设。这种优势的产生就在于小银行的组织结构有利于其与中小企业之间产生长期的合作关系，从而与大银行相比更具有关系型借贷优势（林毅夫、李永军，2001）。因为与硬信息相比，关系型借贷更多地来自特定对象的专有信息等软信息，由于具有人格化以及模糊性特征，使这些软信息难以统计与量化，从而在具有复杂组织结构的大银行中进行传递比较困难。正是因为这类信息传递成本较高，使依赖这种信息的关系型借贷决策权需授权给能够获得这类信息的基层管理者与雇员，这样便在银行内带来代理问题。而大银行组织结构复杂、科层较多、代理链长，消除这种代理问题的成本也就相应较高（杨丰来、黄永航，2006；Berger and Udell，2002）。尽管基于银企关系的关系型借贷能够在一定程度上缓解信息不对称，提高中小企业融资的可得性（何韧、王维诚，2009；尹志超等，2015），但紧密银企关系的建立需要银行与中小企业有长期的合作往来（Gobbi and Sette，2014；Fiordelisi et al.，2014）。此外，即便基于银企关系，银行对中小企业产生了高度信任并给予其融资，但由于银行并没有直接参与中小企业的实际生产运营，潜在的道德风险仍然存在（Chang et al.，2014），因此中小企业同样需要面临较高的融资成本与难度（James and Wier，1990）。

三 集群网络融资

除了传统的商业银行借贷技术之外，有学者从管理学的视角提出借助中小企业所在的集群网络进行融资也是缓解信息不对称的一种方式（Hedges et al.，2007）。企业集群一般是指在某一特定地理区域内，有着紧密联系的大量企业及其支持机构在空间上集聚，进而产生强大的持续竞争优势的现象（Porter，1998；魏守华、石碧华，2002）。因为产业集群具有技术与信息外溢、提供共享中间品和服务、降低采购与销售成本以及提供专用性劳动力市场等外部规模经济优势（阮建青等，2014）；同时能够促进集群内企业的集体行动（Schmitz and Nadvi，1999）以及降低进入壁垒（Long and Zhang，2011）等，从而增加了企业进入市场的机会。由于我国经济发展目前处于产业升级与发展的过渡期，基于地理位置的产业集群成为产业发展的主要形式（Zhang and Hu，2014；阮建青等，2014）。因此，相对于其他融资技术，集群网络融资在我国发展更为成熟，相应的研究也较为深入。

对于集群融资的概念，在学术界并未得到统一，许多学者从不同的角度对其进行界定（高连和，2013）。例如王峰娟、安国俊（2009）认为集群融资时中小企业之间基于协议或股权建立"联盟"合力降低信息不对称，相互帮助获得资金的一种融资方式；孔莉、冯景雯（2009）认为集群融资是基于产业集群整体的核心竞争力，从外部金融机构（银行、金融市场等）获取资金的过程中形成的融资机制；张文君（2010）则将集群融资定义为运用集群优势进行融资的共生融资模式。同时，集群融资也存在多种模式（张杰，2012），例如企业联合体融资模式（张曼、屠梅曾，2001）、区域中小银行模式（魏守华等，2002）、互助担保融资模式（苏旺、施祖麟，2003）以及团体贷款模式（章元，2005），等等。

集群网络融资作为一种有效的融资模式，其能够顺利开展的关键在于能够在一定程度上降低中小企业信息不对称，增强中小企业信用，提高其融资可得性（孟娜娜等，2016）。由于企业集群是一种介于科层组织与纯市场组织之间的中间性组织，因此集群中的企业之间具有发展生态系统的特征（郑胜利、周丽群，2004）。由于集群相较于分散化、随机化的买卖市场具有地理上的邻近性、交易的重复性、产业的关联性，因而促进了企业之间的沟通、协调、相互依存和信任（DeWitt et al., 2007）。集群网络内部的企业之间存在社会化关系网络，并且共享信息的机制使所有企业不敢轻易采取机会主义行为，以免失去在集群中的合作关系。此外，集群内的企业一般属于同一行业，金融机构可以通过行业协会等获得更多信息。因此，集群融资具有其特定的优势，基于中小企业集群"地域根植性"的特征（罗正英，2010），可以在一定程度上克服金融机构与单个中小企业之间的信息不对称问题，从而能够降低金融机构潜在的信贷风险。集群网络融资与传统借贷理论的本质差异在于：集群网络融资通过集群所形成的社会网络，通过相互担保、信用互助等方式降低银企之间的信息不对称，而传统的借贷理论则仅仅考察单一主体的信用情况和还款能力，集群网络融资是基于中小企业集群的关系型融资信贷技术（罗正英，2010）。但是，在降低信息不对称方面，集群网络融资中的信息来源于个人关系网络与集群网络，这种网络是基于社会关系而非结构性交易关系，因此更多呈现出一种信息的非正式社会化（informal socialization）。而集群网络融资是基于银企之间、个人之间或集群内部企业之间的社会关系网络产生的信任，这种信任产生的前提是网络节点之间强连接的存在，但这对于中小企业而言是艰巨且极具挑战性的。

综上，虽然货币政策、金融自由化以及银行结构调整都可以对中小企业融资产生影响（Petersen and Rajan，2002；尹志超等，2015），但以往研究表明，相对于大企业而言，中小企业的信息更加不透明，信息不对称一直以来是阻碍中小企业有效融资的最根本障碍（Stiglitz and Weiss，1981；Jiang et al.，2014；武春桃，2016）。尽管银行借贷与集群网络融资等传统的融资方式都通过各种努力试图降低信息不对称，提升中小企业融资水平。但是由于中小企业自身的局限性使传统的融资方式在降低信息不对称方面的效果甚微。在这一背景下，供应链金融作为金融领域与管理学领域结合产生的一种融资方式创新，为中小企业有效获取资金维持生存与发展提供了新思路。

第三节 供应链金融研究

一 供应链金融的产生与兴起

供应链金融的出现有其深刻的实体经济发展背景（胡跃飞、黄少卿，2009）。产品的生产过程作为一条包含多个价值增值环节的价值链，在这一过程中往往需要不同环节之间进行分工完成，这种分工包括企业内分工与企业间分工两种形式。传统上，在交易成本的约束下，产品链中的大部分环节都是在一个企业内部完成，由此形成了"纵向一体化"。但随着企业生产分工模式的兴起，越来越多的企业把精力聚焦在自己的核心业务上，其他非核心的业务通过外包的形式予以实现。因此，产品生产的过程中企业间分工逐渐成为主要形式，并对企业的管理与实践产生了巨大影响。

首先，在产品生产的过程中，与以往纵向一体化的企业生产模式不同，企业间分工的强化促进供应链管理实践的不断发展（Cooper et al.，1997）。在供应链管理的过程中，资金流是企业的生命源泉，因为资金流动能够满足企业任何时刻的支付需求（宋华，2015）。但当企业的支出和收入发生在不同时刻，企业就会产生资金缺口。此时，如果企业不能有效获取资金，就有可能对其现金流产生不利影响，从而使得企业正常的生产经营活动出现困难。针对企业经营过程中出现的资金短缺问题，供应链上的各企业之间也会在交易中通过一些手段予以缓解，例如单方面延长支付、早期支付折扣计划等，但是这些方式在缓解供应链中一方企业资金约束的同时，往往会给交易方带来资金障碍。因此，这些不可持续的方式并不能很好地解决供应链中的资金问题。

其次，企业间分工的发展使得供应链中的企业从全球范围内进行采购与外包业务，从而产生的一个必然结果就是全球贸易的快速增长（胡跃飞、黄少卿，2009）。在传统的贸易中，主要采用信用证（国际）与支票（国内）等结算方式。而在基于供应链的全球贸易中，频繁的业务往来使得信用证结算方式不再适用，采用传统的支付方式将会大大提高企业的运营成本（Pfohl and Gomm，2009）。此外，由于交易双方之间稳定的合作关系使得双方信任程度增强，赊账这种结算方式在全球贸易中得到广泛应用。这在很大程度上加剧了企业的资金问题。以此为基础，这种基于供应链的全球贸易的发展必然要求金融市场以供应链为核心，提供更为灵活、成本效率较低，风险可控的金融产品和融资模式（宋华，2015）。

综上，随着企业管理实践的不断发展，供应链管理的思想和方法得到实践界的广泛接受与采用。在理论研究方面，供应链管理相关研究也日趋完善。基于实践应用与研究成果，供应链管理的工具与方法均得到了较大改进。物流、商流与信息流作为供应链管理中的主要内容，在实践中的运作效率也不断得到提升。然而，供应链中的资金流动问题原本只被认为是一种辅助流程，但对于资金短缺的中小企业而言，这一流程逐渐成为制约其发展，甚至阻碍整个供应链效率提升的主要瓶颈。学者们逐渐发现，在供应链中由于资金短缺所带来的融资成本问题，已经在很大程度上冲抵了由供应链分工合作以及外包所产生的效率提高与成本节约而带来的"成本洼地"（辛玉红、李小莉，2103），从而使得资金流也被越来越多的供应链管理研究关注（Hofmann，2005）。基于此，供应链金融（supply chain finance，SCF）应运而生。但是，在近几年，国内供应链金融才得到真正兴起。本研究通过文献回顾发现，存在的主要原因包括以下两个方面。

其一，金融危机使信贷市场收缩。2007 年以来，全球次贷危机发生，随之而来的是全球的金融机构都出现信贷紧缩问题（王晓东、李文兴，2015）。这直接导致银行资金全面紧张，贷款额度急剧下降，从而使企业借贷的成本显著提升（Ivashina and Scharfstein，2010），尤其是对内源性融资无法满足其扩大再生产以提高竞争力的中小企业而言，更是举步维艰。此外，资产和住房抵押贷款市场的崩溃使产业中的流动性进一步受到影响（Cornett et al.，2010）。在这关键的时期，企业（特别是最容易受到金融危机影响的企业）努力寻求与其供应商通过信用交易解决由于其他融资方式失灵所带来的资金问题，而未受到金融危机显著影响的企业则作为流动性提供者，也增加了相应的付款条件（Coulibaly et al.，2013；Garcia - Appendini and Montoriol - Garriga，2013）。这些金融危机产生的影响极大地促进了能够优化企业现金流的措施的发展。其中，最重要最有效的方式就是供应链金融（Polak et al.，2012）。

其二，商业银行发展需要寻求新的利益增长点。商业银行作为金融体系中的重要组成部分，存贷差收入一直以来都是其主要的营业收入，利润来源十分单一且利润增长点僵化（宋华，2015）。特别是近几年，随着资本市场的不断开放，商业银行的盈利水平正在进一步缩水，并且国内银行之间存在严重的业务同质化现象，从而使得其竞争环境不断恶化。在金融体制不断发展的趋势下，商业银行如果不进行业务模式创新，将会很难适应灵活多变的市场需求，也很难获得新的利润增长点。与传统商业银行的存贷利差只能聚焦在经营比较稳定的大型企业不同，供应链金融可以将大量的中小企业变为商业银行的潜在客户（深圳发展银行，2009）。因此，商业银行也逐渐热衷于对其进行探索并积极推动其有效开展。

二 供应链金融的概念

（一）供应链金融的前期发展

如前所述，随着企业实践的不断发展，人们逐步意识到供应链运营成为企业发展的重要战略。对于供应链管理重要性的认识首先起源于 Martin Christopher 于 1992 年编辑的供应链管理论文集中转载的 Oliver 和 Webber（1992）的文章，他们提出传统的管理是在相互冲突的管理功能目标中进行权衡，这些功能包括采购、生产、分销和销售，这种做法在产业链上不再奏效，如今我们需要一种新的视角来看待管理，那就是供应链管理。显然，这一观点将企业的管理活动视为一个整体来看待。之后人们逐渐意识到供应链管理不仅仅是企业内部各功能的协调，更是企业与企业之间的合作行为（Stevens，1989；Hesse and Rodrigue，2004）。其中最具代表性的观点是 Stevens 提出的企业间运营的流程观，他认为企业的运营经历了四个阶段，即分散活动阶段、功能型整合阶段、内部供应链阶段，以及内部和外部供应链利益相关者流程整合阶段。其中的核心流程便是企业与企业之间发生的商流、物流、信息流以及资金流，商流和物流通过业务关系将不同的组织紧密地联系在了一起，信息流推动了组织之间的信息分享与协同行为，而资金流则加速了资金在组织间的流动，降低了资金占用成本。正是基于这一认识，推动了供应链金融的萌芽——贸易融资和物流金融（宋华，2019）。

1. 贸易金融。对于贸易融资的探讨始于国际贸易融资（international trade finance）的业务实践。随着国际贸易的不断发展，国际贸易中凸显出几个核心问题：一是贸易周期长，回款慢，这是由于国际贸易往往采用海运，整个交易从订单到运输到结算需要较长时间；二是交易双方彼此不了解，因此需要第三方介入支付环节，确保交易顺利完成；三是单笔交易金额较大，需要融资方面的支持。因此国际贸易融资应运而生，并扮演着重要角色（Auboin & Meier – Ewert, 2003）。据统计，全球80%以上的国际贸易中均有贸易融资的参与和介入（Chauffour and Farole, 2009）。根据Humphrey（2009）的分类，国际贸易融资主要的产品包括：信用证（为出口企业提供付款保证，也可直接将信用证贴现作为融资支持）、贸易信贷（贸易双方之间的信贷，包括赊销和预付款行为）、买方贷款（即为资金不足的买方提供支付货款的金融支持）。

为了解决国内供应链上下游之间出现的账期拖延和资金融通，一些学者和组织将国际贸易融资的产品进行了调整与创新。为了更好地实现供应链企业的复杂金融需求，一种将不同产品进行组合的"结构性贸易融资"应运而生，结构性贸易融资的特点是多种融资、结算产品搭配组合使用，一方面满足企业需求，一方面降低银行风险（徐进亮等，2013）。国内许多学者从不同角度对结构性贸易融资进行了研究，认为结构性贸易融资能够为买卖双方之间的贸易提供便利，促进外贸出口，缓解买方和卖方资金压力，并作为传统贷款的补充，可以帮助企业应对金融危机后的银根紧缩。结构化贸易融资的模式是将信用证、远期信用证、承付融资、卖方信贷、出口押汇、进口押汇、保理、福费廷等产品根据企业需要和风险准入进行组合（深圳发展银行、中欧国际工商学院《供应链金融》课题组，2009；陈四清，2014）。贸易融资的风险主要包括履约风险、商品的市场风险、地域风险、信用风险、业务操作风险等。贸易融资相比传统借贷的优势在于：贸易伙伴之间能够更好地评估风险，并能有效应对融资后的道德风险。

2. 物流金融。在人类早期生活中就已经有了物流金融的影子。物流金融的形态最早可追溯到公元前 2400 年美索不达米亚平原的"谷物仓单"，当时古埃及生产的谷物具有流通价值，因此谷物的仓单成为一种流通媒介，部分发挥了货币的作用。英国的"银矿仓单"则促成了英镑的诞生，因为最早英国的流动纸币即以兑换一英镑的银矿仓单作为自己的价值基准。随着金融、期货等行业的发展，20 世纪初在沙皇俄国出现了一种"谷物抵押"贷款模式，当时俄国的农民在谷物丰收、价格较低时将谷物抵押给银行，获得资金进行再生产，而当谷物价格回升后再偿还贷款出售谷物。在这一模式下，银行获得了利息收入，而农民也因价格回升获得了更多出售谷物的收益，这种谷物抵押模式就是物流金融业务的雏形（胡愈、柳思维，2008）。1916 年美国颁布了《美国仓库存贮法案》（US Warehousing Act of 1916），构建起一整套关于仓单质押的系统性法律法规。这一法案明确了仓单不仅可以作为抵押品，还可以在市场上进行流通。这一系统性法律法规的出台，为后来仓单在美国农业中广泛作为融资方式使用、提升农业生产效率埋下了重要的伏笔（罗齐等，2002）。后来，仓单广泛使用于大宗商品的交易和抵押，在均衡市场价格、平抑价格波动方面起到了重要作用。

由于物流金融的实践是以仓单为基础，强调仓储在整个金融中发挥的作用，因此在国外学者的研究中，物流金融长期以"库存融资"为核心研究对象。早期的一些学者对物流金融进行了描述性研究，例如 Koch 等（1948）对过去的基于仓储的物流金融业务模式、控制方式等进行了研究，Eisenstadt（1966）、Miller（1982）则分别研究了物流金融在 20 世纪 50—70 年代实践方面的进展。之后的一些学者研究了物流金融模式，例如 Lacroix 和 Varangis（1996）将美国与其他发展中国家的物流金融业务进行了对比研究，并对物流金融的业务模式进行了介绍。Poe（1997）专门研究了物流金融中基于资产的融资业务，强调了应收账款和存货作为担保物在物流金融业务中的重要作用。Rutberg（2002）以 UPS 公司为例，介绍了物流金融的运营模式。Fenmore（2004）则研究了基于订单的物流金融业务模式。Buzacott 和 Zhang（2004）分析了资产抵押融资情况下的存货管理，并将抵押和生产决策进行结合。Bakker 等（2004）分析了供应链中的中小企业采用存货融资模式的机理及功能。Gertzof（2000）指出了物流金融业务相比其他融资产品的优势和特征，认为银行应当积极拓展这方面的业务。随着实践方面的研究逐渐增多，一些学者将目光转向了物流金融和库存融资业务中的风险。Wright（1988）认为在物流金融业务中的存货质押业务中，如何准确评估存货价值并对存货严密监控是风险控制的核心，同时指出存货价值评估与监管对于金融机构的困难性，因此有必要引入第三方物流参与到业务当中。Diercks（2004）同样认为存货监控在物流金融中的重要性，并提出了一系列具体的监控方法。Frye（2000）关注了质押贷款的风险主要来自质押物的价格波动带来的风险，Coulter 和 Omumah（2002）探讨了发展中国家及农村信贷市场面临商品波动时如何确保质押贷款业务顺利执行。Barsky 和 Catanach（2005）认为物流金融的风险管控有别于传统银行以主体信用为基础的管控模式，而应当采用覆盖物流金融全业务链条的流程化风控模式。这两位学者还提出物流金融风险包括过程风险、环境风险、IT 风险、人力风险和基本结构风险。值得注意的是，国外学者很早就将物流金融纳入供应链金融的范畴，将其作为供应链金融的一种形态进行研究。

国内关于物流金融的研究始于计划经济时代的"物资银行"概念。早期学者如陈淮（1987）提出了关于构建物资银行的设想，当时所谓"物资银行"主要是指通过物资银行这一平台完成物资品种的调剂和串换，使得物资能够得到更有效的分配，这一概念虽然与现在的概念有较大差异，但其盘活被"锁定"在实体产品中价值的思想却是一脉相承的。随着物流这一概念逐渐被学者们所接受，概念内涵不断成熟，如于洋和冯耕中（2003）、任文超（2004）、王治和王宗军（2005）等学者对物资银行进行了重新定义，认为所谓物资银行是指通过有实力的物流公司提供专业服务，将银行、生产企业以及多家经销商的物流、资金流和信息流有机结合封闭运作，从而打破地域束缚提供动产质押服务，从而确保资金紧张的企业能够获得包括融资在内的一系列服务。邹小芃、唐元琦（2004）是较早系统性提出"物流金融"概念的学者，他们认为物流金融就是高效地将物流运作过程中的资金流动和信用的产生，通过开发、提供和应用各种金融产品和金融服务，在信息流的串联下将物流与资金流进行有效协同。邹小芃、唐元琦（2004）在考虑物流金融时，将贷款、保险、投资、证券化等多种金融服务要素均考虑在内，因此他们的定义是一种广义上的物流金融。相比之下，陈祥锋、朱道立（2005）提出的"金融物流"的概念则更接近于目前学者们对于狭义物流金融的定义，他们所提出的金融物流是指由第三方物流企业主导提供的集成式物流服务，这种服务范畴包括传统的物流、仓储、流通加工以及金融服务。邹小芃、唐元琦（2004）提出的物流金融与陈祥锋、朱道立（2005）提出的金融物流概念为后续物流金融的研究划定了概念边界。现在一般采用的物流金融定义来自李毅学（2011），他认为物流金融是在物流企业与金融机构深入合作的前提下，为供应链中企业提供的包括融资在内的多种金融服务，物流金融的核心业务是为以物流项下产生的应收账款、预付款和存货为依托，通过对整体过程中物流、信息流、资金流的闭环控制，为供应链中企业提供融资的服务，这一定义涵盖了物流金融的广义和狭义内涵，为广大学者所认可（宋华，2019）。

正是由于对于物流定义存在广义和狭义，因此对物流金融模式的探讨也分为两类（宋华，2019），一类学者按照广义物流金融的定义，讨论的是物流与融资、结算等银行金融服务、保险金融服务、资产证券化、基金等券商金融服务如何结合，在这一方面邹小芃、唐元琦（2004），袁红、王伟（2005）做了较为详细的探讨。另一类学者将研究重点放在物流与包括融资在内的银行业务要素进行结合的方向。在这一类研究中，罗齐等（2002）在早期提出的融通仓模式为后续大量研究做了铺垫。罗齐等（2002）将融通仓模式定义为以周边中小企业为主要服务对象，以流动商品仓储为基础，涵盖中小企业信用整合与再造、物流配送、电子商务与传统商业的综合性服务平台。融通仓的研究对国内物流金融模式研究起到了有力的推动作用（郑绍庆，2004）。后续国内学者在融通仓研究基础上逐步拓展了物流金融模式的研究，例如唐少艺（2005）将其分为垫付货款业务模式、仓单质押模式和保兑仓模式三种。陈祥锋（2008）站在商业银行角度，指出物流金融主要可分为基于应收账款和基于存货的两种主要模式，参与方不仅包括融资企业和银行，还有参与供应链的核心企业和第三方物流企业。宋焱、李伟杰（2009）认为物流金融包括物流结算模式、物流仓单模式、物流授信模式和综合运作模式四种模式，其中物流结算模式包括代收货款、垫付货款和承兑汇票三种业务；物流仓单模式包括融通仓和其他衍生业务模式；物流授信模式是由物流企业先从银行获得授信，然后由物流企业向需要融资的企业提供授信；综合运作模式是综合提供以上三种业务，为客户提供综合性的金融服务。

（二）供应链金融的概念

随着对贸易融资和物流金融的深入研究以及实践发展，供应链金融逐渐被人们广泛关注和认同。严格意义上讲，供应链金融虽然与贸易融资和物流金融有一定的关联，但是两者之间存在着较大的差异：首先，在产融结合的方式上存在差异。贸易融资和物流金融虽然都是产融结合的形态，但是不同于供应链金融，前两者在结合企业运营维度上存在着不足。贸易融资是企业商流与资金流的结合，在结合的过程中，融资方对物流的管理和把握能力相对较弱。同理，物流金融更多的是物流活动与金融活动的结合，在这一结合过程中，融资方对企业间发生的贸易活动知之甚少（宋华，2015）。而这种状态容易产生违约风险，这是因为贷方对中小企业业务信息的了解不全面，在存在道德风险的状况下，机会主义行为使得风险控制的程度下降。确切地讲，在实践中，单纯的贸易融资或者物流金融，容易出现通过虚构贸易行为或者利用虚假物流骗取资金的问题。而供应链金融则避免了上述问题，在开展金融活动中高度强调对商流、物流的并行控制，因而，信息的广度和丰富度要比贸易融资和物流金融更强；其次，在金融服务的范围上存在差异。贸易融资或者物流金融往往是针对某一笔贸易或者动产产生的金融服务，面向的是单一企业，较难覆盖供应链运营全流程，或者说金融服务活动没有能够覆盖供应链各个环节。而供应链金融则不同，它是基于供应链整体业务活动定制的金融服务，能够从系统上把握内部和外部供应链管理的各个方面，因而，金融服务的范围更广。正是因为供应链金融不同于以往的贸易融资和物流金融，理论界和实务界开始探索供应链金融的内涵和特质（宋华，2019）。

与此同时，通过文献回顾可以发现，随着对供应链研究的不断深入，供应链中的资金流也逐渐得到学者们的广泛关注（Timme and Williamstimme，2000；Wuttke et al.，2013a，3013b；Silvestro and Lustrato，2014）。然而，在一些文献研究中，将供应链中资金流的有效管理称作财务供应链管理（financial supply chain management，FSCM）。为了避免造成混乱，在正式阐述供应链金融的概念之前，本研究首先对财务供应链管理进行简单介绍，以清晰表明其与供应链金融之间的区别与联系。

Timme 和 Williamstimme（2000）指出为实现供应链的目标，供应链中的节点企业与供应链外部提供金融支持的金融服务机构之间建立协作关系，同时将供应链中的全部参与主体和资产，以及供应链运作过程中所产生的物流、信息流、资金流等流程全部考虑在内而形成的链条，称作财务供应链。在此基础上，财务供应链管理从更为广泛的视角出发，是指为了有效配合与促进供应链中的物流活动，对供应链中的现金流进行计划、管理和控制的过程（Wuttke et al.，2013a）。Blackman 等（2013）认为财务供应链管理具有网络特征，这一管理过程可以将支付、财务可视性、外汇以及风险管理等复杂财务流程整合到产品供应链中。因此，财务供应链管理可以被看作一个广义概念，主要聚焦于供应商客户关系，以及致力于供应链中的物流、信息流与资金流的平行流动，关注的是如何将供应链中的现金流整合到物流与信息流中。供应链金融则强调的是供应链中企业的营运资金与流动性的优化问题。财务供应链管理与供应链金融的关系如图2-2所示，由此表明，供应链金融可以被视作财务供应链管理中的一部分。

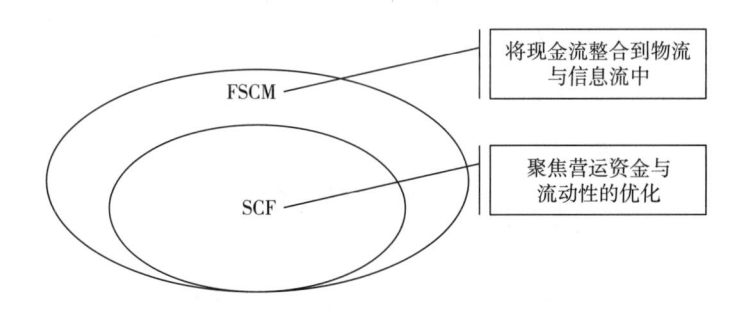

图2-2 财务供应链管理与供应链金融的研究范畴

资料来源：Liebl, J., E. Hartmann, E. Feisel, "Reverse Factoring in the Supply Chain: Objectives, Antecedents and Implementation Barriers", *International Journal of Physical Distribution & Logistics Management*, Vol. 46, No. 4, 2016.

对于供应链金融的内涵，国内外学者从不同角度进行了界定与探索（如表2-4所示），但目前国内外并未对其形成统一的概念界定。从国外研究来看，Berger和Udell（2004）在探讨中小企业融资问题时，最早对基于供应链开展融资的一些相关设想与框架进行了阐述，并初步提出了供应链金融的思想。在国外研究中，由Hofmann在2005年提出的供应链金融定义最具有代表性，他认为供应链金融是涉及物流与供应链管理、金融管理以及企业间协作等多个领域的交集而产生的一个概念，具体是指由包括供应链中的节点企业与外部金融服务提供者在内的两个以上组织，通过对组织间的金融资源及其流动进行有效的计划、执行和控制，从而实现价值共同创造的一种方式。在此基础上，Camerinelli（2009）指出供应链金融是对供应链中所有与运营资金相关的活动与流程进行透视并控制的过程。Phohl 和 Gomm（2009）认为供应链金融是企业之间财务优化以及与顾客、供应商、服务提供者等进行财务流程整合以增加所有参与企业价值的过程。供应链金融作为一种基于供应链优化企业融资结构与现金流的有效方式（Gomm，2010），核心企业通过控制整个供应链中与资金相关的业务流程实现了资金使用的可视性（Grosse - Ruyken et al., 2011）。More 和 Basu（2013）也认为供应链金融是在供应链利益相关者之间通过管理、计划以及控制所有与现金流有关交易活动与流程以达到改善其营运资金的目的。

表 2-4　　　　　　　　　　国内外供应链金融代表性概念

学者	界定
Hofmann（2005）；Liebl et al.（2016）	供应链金融是涉及物流与供应链管理、金融管理以及企业间协作等多个领域的交集而产生的一个概念，具体是指由供应链中的节点企业与外部金融服务提供者在内的两个以上组织，通过对组织间的金融资源及其流动进行有效的计划、执行和控制，从而实现价值共同创造的一种方式
Atkinson（2008）	供应链金融既是一种技术方案，也是一种服务，在供应链中通过将供需双方以及金融服务提供方整合在一起，从而对整个供应链的透明度、融资成本、运作效率以及支付流程等进行优化
Camerinelli（2009）	供应链金融是对供应链中所有与运营资金相关的活动与流程进行透视并控制的过程
Phohl and Gomm（2009）	供应链金融是企业之间财务优化以及与顾客、供应商、服务提供者等进行财务流程整合以实现增加所有参与企业价值的过程
Lamoureux（2008）；Lamoureux and Evans（2011）	供应链金融是在由供应链网络中某一企业主导形成的企业生态圈中，通过归集、整合、打包以及利用供应链中的信息流，将其运用到企业成本分析与管理和多种融资方式中，实现对供应链中企业的资金可得性和融资成本进行系统管理与优化的过程

续表

学者	界定
De Meijer and De Bruijn（2013）	供应链金融是在供应链过程中通过使用金融工具、实践与技术来优化营运资金与流动性的管理
Wuttke et al.（2013b）	供应链金融的主要目的是降低供应链中的企业融资成本，一方面供应链金融能够为供需双方提供垫资和结算等服务，另一方面也可以对供应链中的现金流进行实时监控与优化
杨绍辉（2005）	供应链金融是专门为中小企业设计的创新性融资形式，在有效整合供应链中的资金流的基础上，一方面可以为供应链网络中的节点企业提供便利的商贸资金服务，另一方面又能为供应链网络中的弱势企业提供创新型的融资途径
闫俊宏、许祥秦（2007）	供应链金融是通过金融资本与实体经济相融合，为产业供应链中的所有企业提供系统金融服务，以保障供应链网络中的焦点企业与上下游合作伙伴之间"产—供—销"链条的稳定与流畅运转，从而构建的包括银行等金融机构以及供应链网络成员之间互利互惠、良性互动、合作共赢的产业网络生态
胡跃飞（2007）	供应链金融是商业银行基于供应链中的真实交易背景以及主导企业的信用状况，以企业交易过程中确定的预期现金流作为还款保证，辅助银行的封闭贷款业务和短期金融产品而进行的包括单笔或额度授信等形式在内的融资业务
胡跃飞、黄少卿（2009）	供应链金融是由产业中的金融服务组织者提供的一套完整的金融解决方案，在对供应链中的现金流进行有效管理的基础之上实现优化整合供应链内部金融资源的目的
宋华（2015）	供应链金融是一种管理行为和过程，它通过将供应链中的物流运作、商业流程以及金融管理予以整合，紧密地把供应链中的供需双方、第三方物流服务企业以及金融机构等联系在一起，从而实现用供应链物流盘活企业资金并利用资金优化供应链物流的作用

资料来源：作者根据相关文献研究整理所得。

鉴于此，供应链金融强调的是对嵌入供应链网络中融资以及结算成本的优化，并在此基础上对供应链运作流程予以优化。Atkinson

(2008)指出供应链金融既是一种技术方案,也是一种服务,在供应链中通过将供需双方以及金融服务提供方整合在一起,从而对整个供应链的透明度、融资成本、运作效率以及支付流程等进行优化。Wuttke等(2013b)学者进一步认为供应链金融的主要目的是降低供应链中的企业融资成本,一方面供应链金融能够为供需双方提供垫资、结算等服务,另一方面也可以对供应链中的现金流进行实时监控与优化。此外,Lamoureux(2008),Lamoureux和Evans(2011)等则从生态的视角出发看待供应链金融,认为供应链金融是在由供应链网络中某一企业主导形成的企业生态圈中,通过归集、整合、打包以及利用供应链中的信息流,将其运用到企业成本分析与管理以及多种融资方式中,实现对供应链中企业的资金可得性以及融资成本进行系统管理与优化的过程,这也为解释供应链金融提供了一个较为新颖的视角。

就国内相关研究而言,供应链金融在国内的研究起步较晚。在概念使用上也存在多种描述,例如供应链融资、供应链金融、供应链贸易融资等名称都曾出现在以往学者的研究中。虽然这其中也有一些学者引入国外大金融的概念,然而大多数国内学者的研究领域还仅仅局限于供应链融资这个范畴内,与国外供应链金融概念相比,只能算作供应链金融研究的一部分。在具体概念界定方面,国内学者也并未达成统一,大量学者从金融机构的视角对供应链金融予以界定。例如,杨绍辉(2005)基于商业银行的视角将供应链金融看作专门为中小企业设计的创新性融资形式,在有效整合供应链中的资金流的基础上,一方面可以为供应链网络中的节点企业提供便利的商贸资金服务,另一方面又能够为供应链网络中的弱势企业提供创新型的融资途径。胡跃飞(2007)指出供应链金融是商业银行等金融机构基于供应链中的真实交易背景以及主导企业的信用状况,以企业交易过程中确定的预期现金流作为还款保证,辅助银行的封闭贷款业务以及短期金融产品而进行的包括单笔或额度授信等形式在内的融资业务。在对深圳发展银行所开展的供应链金融业务进行总结的基础上，闫俊宏、许祥秦（2007）认为供应链金融是通过金融资本与实体经济相融合，为产业供应链中的所有企业提供系统的金融服务，以保障供应链网络中的焦点企业与上下游合作伙伴之间"产—供—销"链条的稳定与流畅运转，从而构建的包括银行等金融机构以及供应链网络成员之间互利互惠、良性互动、合作共赢的产业网络生态。因此，正如蒋婧梅、战明华（2012）所指出，中小企业由于其自身缺乏抵押物、信息不透明等问题长期以来经受融资难的发展瓶颈，而伴随着科技水平、物流业、供应产业链的发展，供应链金融这一创新产品以其独特的优势成为商业银行新的业务领域。

此后，学者们又从更为广泛的视角对供应链金融的概念予以界定。胡跃飞、黄少卿（2009）认为与传统纵向一体化制造模式相比，供应链管理的模式也有可能带来企业生产过程中财务成本的增加，这是因为：其一，由于更多的生产工序是通过市场来协调，贸易总量和交易频率都提高了；其二，已经成为供应链主要模式的赊销方式虽然表面上降低了核心大型企业的财务成本，但却将资金需求压力推给弱势的中小企业一方。鉴于此，他们从更为广义的资金提供者视角出发，认为供应链金融是由产业中的金融服务组织者提供的一套完整的金融解决方案，在对供应链中的现金流进行有效管理的基础之上实现优化整合供应链内部金融资源的目的。宋华（2015）则认为供应链金融是一种管理行为和过程，它通过将供应链中的物流运作、商业流程以及金融管理予以整合，紧密地把供应链中的供需双方、第三方物流服务企业以及金融机构等联系在一起，从而实现用供应链物流盘活企业资金并利用资金优化供应链物流的作用。综上，尽管国内外学者并未对供应链金融形成一个统一的概念，但不同概念在本质上却有一致性。换句话说，供应链金融在为中小企业提供新型融资途径的同时，在优化产业供应链、优化企业运营方面也具有重要作用。

三 供应链金融的模式与进化阶段

(一) 供应链金融的模式

作为一种融资方式,供应链金融是如何运作的呢?这是目前国内外学术界非常关注的另一个重要问题。从国际研究的进展看,主要是从两个视角展开,一是基于信息化的物流金融运作;二是从整个供应链运营研究的金融活动。第一方面的研究最初是基于对第三方物流的探索,即随着第三方物流市场的发展,特别是物流外包的兴起,其所承担的职能和服务越来越具有差异性 (Knemeyer and Rabinovich, 2006; Selviaridis and Spring, 2007),其中就涉及一些资金和金融性活动,诸如开票、支付过程中的结清,或者在国际物流中所产生的出口融资活动等 (Li and Ogunmokun, 2001),这些研究较少涉及第三方物流公司所形成的库存融资活动。还有一类的研究则是站在金融立场探索物流金融活动和管理,诸如 Tibben – Lembke 和 Rogers (2006) 分析探索了物流领域如何运用实物期权。Holdren 和 Hollingshead (1999) 研究了库存融资服务中的定价问题。这些研究虽然也涉及物流金融,但并不是站在第三方物流的立场探索金融模式和管理。还有一些研究从更为广义的供应链管理角度涉足物流金融的运作和特质分析,尤其是 Buzacott 和 Zhang (2004) 的研究,对企业的物流管理和运营与基于动产的库存融资之间的关系进行了深入探索,并强调企业的库存管理不只是按照财务资金约束而展开,流动资金管理本身也是库存管理的一个重要部分,而且流动性问题对金融机构以及企业运作效率都有着重要意义。此外,De Meijer 和 De Bruijn (2013)、Liebl 等 (2016) 根据物流发生的时间点,将供应链金融划分为运输前供应链融资 (原材料融资、采购订单融资以及供应商管理库存融资等) 与运输后供应链融资 (早期支付折扣计划、反向保理等) 两种形式,More 和 Basu (2013) 根据融资的阶段,将融资方式区分为运输前融资 (原材料融资、订单融资)、在途物资融资 (库存融资) 以及运输后融资 (预付融资、应收账款融资）三种类型，而 Wuttke 等（2013b）则提出了一个更为一般的模型，认为供应链金融的运作主要是通过为供应链中的买卖双方提供结算、垫资等服务，降低企业的融资成本。

第二方面的研究更强调在整个供应链运行中金融活动与其他要素之间的作用。Martin 和 Hofmann（2017）研究了在供应链融资中金融服务提供商如何更好地融入整合供应链管理中，从而提升供应链融资绩效。Berger 等（2004）、Auboin 等（2016）在对供应链金融的范畴和模型进行深入分析与研究的基础上提出一些中小企业融资的模式。Lekkakos 和 Serrano（2016）研究了中小企业如何通过反向保理获得融资。Klapper（2005）则对中小企业的存活融资模式及其运作机理进行了深入探讨。Gelsomino 等（2016）研究了随着全球化和电子商务的发展，供应链金融模式的研究进展以及未来可能出现的发展趋势。Guillén 等（2006）尝试在框架内整合财务管理和生产规划，得出了框架内方案、计划和各方案最优决算所受到的积极影响。在此基础上，Guillén 等（2007）通过引入一些现金预算约束条件，对供应链金融运作模型进行研究，在同时考虑企业的融资计划与生产研发等短期供应链管理的基础上，构建了一个整合运作与财务的供应链整体优化的模型。Wuttke 等（2013b）通过六个案例分析了供应链金融对产品流和信息流的改善，以及供应商的参与。

国内对供应链金融运行模式的研究也是从企业如何缓解资金压力的角度出发的。罗齐等（2002）提出了融通仓模式，融通仓通过推动质押贷款，能够有效促进中小企业发展。融通仓作为一个综合性的第三方物流服务平台，可以通过提供第三方物流服务融入中小企业的供应链网络，在促进银企合作的同时，也能够有效缓解中小企业融资难题（刘晓红等，2016）。随后，陈祥锋等（2005a，2005b，2006a，2006b）还发表了系列文章，对融通仓进行了系统阐述与介绍，包括融通仓的概念、运作模式、系统结构以及与金融供应链之间的密切关系等，在为物流金融创新相关研究提供基础的同时，也系统梳理了物流金融的多种业务形态，例如信用证担保、授信融资、仓单质押、替代采购、反向担保、买方信贷，等等。之后，冯耕中（2007）又提出了两类物流金融的基本业务模式，即基于流动货物和基于仓单的库存商品融资，这也就是后来物流金融领域所指的存货质押融资业务和仓单质押融资业务。

另一些学者则从更广泛的视角探索供应链金融的运行模式。例如，伊志宏等（2008）对中信银行进行单案例研究，探索商业银行供应链金融管理模型，分别阐述了汽车、钢铁和家电行业金融供应链的运作模式及其风险。研究发现，中信"银贸通"是中信银行按照物流金融的理念，结合各产业中物流的不同特点，主要基于产业链中的核心生产商的信用水平，为其贸易中的物流客户等提供的综合性的金融服务方案。为了提高中小型物流企业的费用结算和资金周转速度，赵道致、白马鹏（2008）提出了一种基于应收票据管理的物流金融创新模式（NRF－LC 服务模式）。何宜庆、郭婷婷（2010）在对信用担保、存活质押和应收账款质押三种融资模式进行优劣势比较的基础之上，指出商业银行和中小企业均更倾向于采用应收账款质押融资模式。总结国内对供应链金融模式的研究，闫俊宏、许祥秦（2007），胡跃飞、黄少卿（2009）等回到金融产品的基本要素，认为供应链金融模式的产品要素包括应收的回款、存货的资金占压和预付问题。目前这种基于产品要素的模式分类已经得到了大多数学者的认可，形成了以资金提供者、供应链核心企业和融资企业组成的三种供应链金融模式：应收账款融资，主要涉及保理、保理池融资、反向保理、票据池授信等形式；存货融资，主要包括静态抵质押授信、动态抵质押授信以及仓单质押授信等；预付款融资，实践中主要有保兑仓、国内信用证、附保贴函的商业承兑汇票等应用。此外，除上述三种形态之外，宋华（2015）认为供应链金融中还存在基于供应链网络中企业之间的战略伙伴关系以及长期合作信任的战略关系融资，这种形式通常发生在具有多年合作关系的战略合作伙伴之间。尽管存在多种基于供应链的行业金融模式，但各种模式的本质仍然是依托供应链中核心企业的信用或者供应链网络中合作伙伴之间的交易信用，对特定行业中的中小企业进行开发，利用商圈声誉风险控制等机制解决中小企业在生产运营过程中所面临的资金短缺与融资风险等问题（陈一洪，2012）。与此同时，立足综合金融"解决方案"以及贸易融资等服务理念，为供应链网络中的中小企业提供全方位的、定制化的金融服务。

(二) 供应链金融的进化阶段

基于国内外研究与实践的不断探索与发展，目前供应链金融的发展大致可以归纳为供应链金融 1.0（金融导向）、供应链金融 2.0（供应链导向）、供应链金融 3.0（网络生态导向）三个阶段。基于 Lambert 和 Cooper (2000) 所提出的供应链运营的刻画维度，如表 2-5 所示，供应链金融的三个阶段在供应链结构、流程和要素三个维度上有着明显差异（宋华、陈思洁，2016）。供应链金融 1.0 是典型银行思维的体现，以核心客户为依托，以真实贸易背景为前提，运用自偿性贸易融资的方式，对供应链上下游企业提供综合性金融产品与服务。这个阶段最具代表性的是深发展所提出的 M+1+N 模式，即通过抓住供应链中的核心企业"1"，为其上游 M 个供应商以及下游 N 个客户提供融资（深圳发展银行，2009）。在这一阶段供应链成员之间主要是序列依存关系，供应链金融更多关注的是供应链中的物流与商流要素，而为了降低风险，资金提供者强调的是对静态的"物"的控制。中小企业的融资效果取决于其在供应链中的信用，而这种信用来自与核心企业交易所带来的增信（伊志宏等，2008；姜超峰，2015）。第二阶段即供应链金融 2.0 阶段资金提供者由金融机构转向供应链中的参与者，供应链成员之间表现为相互依存的网络结构关系，供应链金融运作的基础不再是静态的"物"，而是商流与信息流等动态的"物"（Gelsomino et al.，2016；宋华，2015）。在这个过程中，资金提供者如何有效地嵌入供应链网络，与供应链企业相结合，实现有效的供应链资金运行，同时又合理控制风险，成为供应链金融中中小企业有效获取资金的关键。

表 2-5　　　　　　　　　供应链金融不同阶段的特征比较

阶段	结构特征	流程管理	要素
SCF 1.0	序列依存[①]，点对链的交易关系	资金流	静态的"物"（应收账款、库存、应付账款等）
SCF 2.0	多方相互依存，网络结构关系	资金流、物流、信息流与商流	动态的"物"（商流与信息流）
SCF 3.0	池依存，复杂互依关系	纵向、横向以及空间价值链整合	沉淀的交易数据

资料来源：宋华、陈思洁：《供应链金融的演进与互联网供应链金融：一个理论框架》，《中国人民大学学报》2016 年第 6 期。

随着与互联网、云计算等新兴信息技术的结合，供应链金融发展到平台企业主导的供应链金融 3.0 阶段（宋华、陈思洁，2016）。在这一阶段，供应链中的企业形成了基于互联网的复杂互依关系生态，并且多个生态之间相互迭代、相互作用。供应链金融通过搭建基于虚拟产业集群的虚拟供应链网络，融资服务提供企业基于虚拟供应链网络中的沉淀数据有效实施价值链整合管理与融资行为，使更多产业集群中的中小企业有机会成为供应链金融的服务对象。其中，许多大型第三方 B2B 平台企业通过互联网与大数据能够从更多的维度衡量供应链网络中中小企业的动态以及真实经营状况，评估其融资风险，从而做出融资决策（史金召等，2015）。在供应链金融发展的过程中，就第一阶段而言，银行等金融机构作为金融活动的主体，由于不参与供应链运营，从而不能对供应链网络中的中小企业运营、贸易过程等信息真实掌握，只能依托供应链网络中的核心

[①] Thompson（1967）认为企业之间存在着三种依存关系，即序列依存（sequential interdependence）、相互依存（reciprocal interdependence）、池依存（pooled interdependence）。其中，序列依存是一种前后次序性的关系，相互依存是一种相互影响的双向作用关系，而池依存是一种最高的关系形态，即群体中的参与者都能够为同一目标共同努力，彼此之间是一种松耦合的状态，且相互之间的关系趋向于相对独立。

企业。但是，在这一阶段，供应链金融具有内在不稳定性，由于银行不能有效管理风险，且核心企业并不一定具有契约精神，从而产生欺诈行为，这一点在 2013 年青岛港事件中表现得尤为明显。因此，从第二阶段开始，供应链金融开始从银行走向产业，供应链网络中的焦点企业或者一些平台企业基于信息技术应用开始成为供应链金融的主导者，供应链金融开展的基础也逐渐成为基于供应链网络的真实交易结构与流程。

此外，就三个阶段的研究而言，金融导向的供应链金融认为供应链金融是一系列的创新金融方案（Camerinelli, 2009；Chen and Hu, 2011），根据这一观点，金融机构在供应链金融中发挥了至关重要的作用。金融机构将供应链金融活动视为短期性融资过程，或者说基于应收账款和应付账款产生的融资解决方案。Lamoureux 和 Evans（2011）认为触发供应链金融的活动主要是贸易过程中发生的事件，诸如订单接收、航运、开立票据、到期支付等。More 和 Basu（2013）同样认为供应链金融根据活动过程可以划分为三个阶段，即装船前融资、在途融资和发运后融资。在金融机构主导的供应链金融研究中，还有一种观点更为严格地将供应链金融看作买方驱动的关于运营资金的解决方案，也就是反向保理（Wuttke et al., 2013）。此外，Kouvelis 和 Zhao（2017）在研究供应链金融中供需双方不同的信用评级状况下的融资形态，其研究认为在供应商和零售商构成的供应链中，如果供应商的信用评级超过一个阈值，供应商收取零利率，使交易信用比银行贷款便宜。否则，供应商会收取严格的正利率，这种状况下，贸易信贷和银行贷款的综合使用要比纯贸易信贷更符合存货融资的要求。而这个阈值受零售商运营资金状况、供应商资金状况和产品毛利的影响。

供应链导向的供应链金融立足于供应链运营而产生，即通过整个供应链的库存优化降低运营资金需求，产生融资行为，或者将运营资金转移给以较低成本获得资金的供应链参与者。诸如 Pfohl 和 Gomm（2009）在提出供应链金融的概念模型时就立足于供应商管理库存（VMI）的情境。Randall 和 Farris（2009）分析了供应链两个参与者之间库存转移对供应链金融的影响。值得提出的是 Hoberg 等（2017）的研究运用二手数据分析了资金约束是否对于库存管理产生影响，也就是说企业在从事库存决策时是否考虑到了资金成本，其研究发现受资金约束的企业并没有能够降低库存，相反较少资金约束的企业库存较低，其研究揭示了目前资金约束状况尚未纳入供应链库存管理和决策过程。供应链导向的供应链金融研究还有一个特点就是比较关注融资的客体对象（诸如抵质押物），也就是供应链运营中的经营物是开展供应链金融的基础，如 Gomm（2010）、Pfohl 和 Gomm（2010）就提出供应链金融同样适用于固定资产融资（通过为每个生产解决方案或者联合投资物流资产而融资支付）。供应链导向的供应链金融研究与金融导向的供应链金融不同之处在于后者认为金融机构是供应链金融业务的真正促进者，而前者则拓展了这一范围。供应链导向的研究因为是立足于供应链运营以及经营物而展开的金融服务，因此，推进和发展供应链金融服务的主体可能是供应链运营中的组织者（包括生产企业、分销企业或第三方、第四方物流企业）。金融机构尽管也积极地参与了这个过程，但是不一定是供应链金融的主导者。

　　随着供应链金融实践的发展，上述两类研究均忽视了从整个供应链的视角出发，分析供应链金融开展的条件、情景和创新模式（Caniato et al., 2016）。因此，网络生态导向的供应链金融研究逐渐兴起，如何基于供应链网络提升供应链融资绩效成为学者们关注的重点（Song et al., 2016；Martin and Hofmann, 2017；Song et al., 2018）。这一阶段的研究有三个特点（宋华，2019）：一是开始关注供应链金融开展的情景因素，也就是在什么样的供应链情境中会发生供应链金融行为。Song 等（2016）探索了中小企业的供应链网络特性（中小企业在业务网络中的强连接和弱连接）对于融资的影响作用，特别是丰富的弱连接是中小企业获得融资的关键。Caniato 等（2016）则提出供应链中企业之间的合作程度、谈判力、数字化的程度以及金融服务的吸引力等都是成功实施供应链金融解决方案的促进因素。二是探索供应链整合以及供应链参与者之间的合作状态对于融资服务的作用。要成功实施供应链金融，一方面需要实现企业内部的协同（供应链业务部门与金融部门之间的协同），实现企业金融战略整合；另一方面需要供应商与买方之间的协同（包括供需信息的分享和供需金融整合），只有这两个方面同时实现，才能实现良好的融资绩效（Wandfluh et al.，2016）。而 Wuttke 等（2016）的研究表明，不是所有的供应链金融都能产生正效应，供应链金融什么时候开展以及能否产生效应主要取决于买卖双方业务开展过程中协商的支付条款和采购量，采购量越大、支付周期越长，越需要及早采用供应链金融服务。三是明确了专业化服务企业在供应链金融中的推动作用。这表现为在理论研究中正式提出了金融服务提供商（FSP，Financial Service Provider）的概念。Silvestro 和 Lustrato（2014）第一次提出了在供应链整合中金融服务提供商（FSP）的作用，尽管他们的研究并没有真正探索供应链金融中的服务，而是一种描述性的分析，但是他们提出了银行可以在其中发挥整合性服务的作用。之后 Martin 和 Hofmann（2017）则进一步分析探索了金融服务提供商在供应链金融中的重要作用，即金融服务提供商作为一种中介，弥合了不同供应链参与企业之间，以及与金融机构和商业银行之间存在的不匹配，并且指出金融服务提供商既可能是传统的银行，更可能是新型的金融公司或者技术服务商等。Song 等（2018）通过对比新型的平台化的金融服务提供商与传统商业银行在提供供应链金融服务过程中，对交易前、交易中和交易后风险控制的差异，指出金融服务提供商要比传统商业银行更能够通过交易信息、网络、流程等掌握供应链运营的全过程，进而控制交易前、中、后的风险，而这种金融服务提供商是直接从事或组织供应链运营的企业。

近年来，人们逐渐认识到金融科技在网络生态供应链金融中发挥的重要作用，从而逐步进入研究和探索的新阶段，即金融科技导向的供应链金融研究。应当讲，这个方面的研究刚刚兴起，尚未形成广泛的研究成果，但是一些学者已经开始关注供应链金融中新型科技的作用。诸如 Yan（2017）以中国供应链金融为情景，研究以电商为主导的 B2B 平台在运用大数据控制风险方面具有独特的优势。同样，Zhao 等（2015）认为金融结构运用大数据更能够预测供应链金融中业务失败的概率。此外，Omran，Henke，Heines 和 Hofmann（2017）开始探索区块链在供应链金融中的运用。Hofmann，Strewe 和 Bosia（2017）更是提出了将区块链运用于供应链金融中的反向资产证券化。

第四节　供应链融资的情境因素

供应链金融之所以能够得到迅速发展，得益于其能够有效降低信息不对称，使中小企业能够通过采用供应链融资解决方案提升供应链融资水平，缓解企业资金约束（张伟斌、刘可，2012；宋华等，2017；Pfohl and Gomm，2009；Zhao et al.，2015；Gelsomino et al.，2016）。因此，在基于供应链网络的供应链金融中提升企业供应链融资水平的关键在于降低其与资金提供企业之间的信息不对称。而在以往关于供应链管理的相关文献中，影响供应链企业之间的信息不对称的因素主要有两个方面：其一，通过供应链整合，企业能够实现对供应链网络资源的有效管理，从而有助于促进信息交流与共享，对于降低供应链网络中企业之间的信息不对称具有重要作用（Flynn et al.，2010；Barratt and Barratt，2011；Prajogo and Olhager，2012）；其二，随着信息技术的不断发展，中小企业通过对信息技术的应用能够增强与合作伙伴彼此之间业务的透明度，也是影响供应链合作成员之间信息共享的一个重要因素（Gunasekaran and Ngai，2004；Cámara et al.，2015；Bruque-Cámara et al.，2016）。

一 供应链整合

随着供应链管理对企业的重要意义在实践领域与学术领域得到广泛认可,作为供应链管理的灵魂(Horvath,2001)和重要基础之一(Romano,2003),供应链整合在学术领域也逐渐得到学者的普遍关注(霍宝锋、李丝雨,2015)。面对高度复杂和变动的外部环境,企业间的竞争与合作程度不断加强。传统的供应链系统已经逐渐演化为涉及企业数量、企业规模以及地域空间越来越巨大的庞大而复杂的网络系统,其复杂程度几乎与生物系统的复杂程度相当(赵亚蕊,2012)。企业间的竞争已经转变为供应链与供应链之间,甚至是供应链网络与供应链网络之间的竞争。众多研究者认为,供应链的节点企业通过在资源、战略业务和能力等方面互补和互相依赖,构成了错综复杂的产—供—销网络,即供应链网络。供应链网络成为企业在经营过程中适应各种复杂环境,满足顾客个性化需求,缓冲外部不确定性,转移风险以及提高企业绩效的一种重要手段。作为供应链网络的形成方式,供应链整合成为供应链管理研究中非常重要也是近些年十分热门的研究主题。目前,围绕供应链整合,以往研究对其概念(Stevens,1989;Bowersox and Morash,1989;Frohlich and Westbrook,2001;Dainty et al.,2001)、类型(维度)(Bowersox and Morash,1989;Stank et al.,2001;Chen and Paulraj,2004a;)、影响因素(Flynn et al.,2008;Yeung et al.,2009;Zhao et al.,2008;Zhao et al,2011;Cao et al.,2015)以及与企业绩效(Morash and Clinton,1998;Stank et al.,2001;Wong et al.,2011;Flynn et al.,2010;Prajogo and Olhager,2012)的关系等进行了广泛而深入的研究。

(一)供应链整合的概念与维度

作为供应链管理中的核心内容,供应链整合的概念非常广泛,在以往研究中学者们也从不同的角度对供应链整合的概念予以界定。通过总结可以发现,现有对供应链整合的界定可以划分为如下几类:

其一，基于整合的对象视角进行概念界定。例如，Bowersox 和 Morash（1989）认为供应链整合就是对供应链中的所有渠道成员的活动、关系、位置、功能、流程等内容进行协调与整合；Rai 等（2008）则指出供应链整合就是供应链中的企业对合作伙伴与自己之间的物流、资金流、信息流进行整合。

其二，基于整合的过程视角进行概念界定。例如，Campbel 和 Sankaranl（2005）将供应链整合界定为在组织内和组织间的合作伙伴之间拓展关系的过程，其中涉及对于供应链相关信息技术以及成员之间核心关系的共同管理；Chen 等（2009）认为供应链整合是将组织内和组织间的关键业务功能或流程整合到连接紧密的高效商业模式的过程；邓龙安、徐玖平（2008）认为供应链整合是对企业的业务单元予以分解与建构的过程；孙晓波、骆温平（2014）认为供应链整合是供应链中的企业通过有效整合内外部资源和上下游客户以更好地为最终客户服务，是一个供应链中的组织内和组织间战略协作的过程。

其三，基于整合的目的视角进行概念界定。例如，Naylor 等（1999）指出供应链整合就是实现企业之间的原材料、资金流以及信息流等更为高效有序的流动；Villena 等（2009）则将供应链整合界定为供应链中的企业为了获得更好的绩效而开展的信息分享、流程活动、同步与更新等。

其四，基于战略的视角进行概念界定。例如，Vickery 等（2003）认为供应链整合就是对一个完整的整体系统进行的战略性管理，并不是对各个分散的子系统进行优化；Zhao 等（2008）、Flynn 等（2010）、曹智等（2012）、霍宝锋、李丝雨（2015）以及霍宝锋等（2016）基于战略合作的视角，认为供应链整合是企业与其战略联盟伙伴对组织内和组织间的运作流程进行共同管理，实现对供应链中信息、资金、产品等的有效管理，从而能够更好地为客户创造价值。

从以往研究对供应链整合的界定可以看出，目前学术界对供应链整合并未形成一个统一的概念。与此同时，在研究中对其维度的划分也存在多种类型，一般而言，供应链整合可以划分为单一维度、两维度、三维度以及四维度等多种类型（如表2-6所示）。

表2-6　　　　　　　　　　供应链整合维度划分

类型	学者	维度划分
单一维度	Vickery et al.（2003）、Marquez et al.（2004）、Armistead and Mapes（2013）	供应链整合
	Ragatz et al.（2002）、Petersen et al.（2005）、Cousins and Menguc（2006）、Das et al.（2006）、Koufteros et al.（2007）	供应商整合
	Homburg and Stock（2004）	客户整合
	Pagell（2004）	内部整合
	Johnson（1999）	战略整合
两维度	Frohlich and Westbrook（2001）、Swink et al.（2007）、Li et al.（2009）	供应商（后向）整合、客户（前向）整合
	Stank et al.（2001）、Saeed et al.（2005）、Narayaman et al.（2015）、刘会等（2015）	内部整合、外部整合
	Germain and Iyer（2006）	内部整合、下游整合
	Morash and Clinton（1998）	组织内部流程整合、组织间运作整合
三维度	Gimenez and Ventura（2005）	物流与生产整合、物流与营销整合、外部整合
	Narasimhan and Kim（2002）、Flynn et al.（2010）、Huo（2012）、Zhao et al.（2008，2011）、Wong et al.（2011）、曹智等（2012）、孙晓波、骆温平（2014）、徐可等（2015）、霍宝锋等（2016）	内部整合、客户整合、供应商整合
四维度	Droge et al.（2004）	供应商整合、客户整合、战略规划整合、设计过程整合
	Koufteros et al.（2005）	内部整合、客户整合、供应商整合、供应商流程整合

资料来源：作者根据相关文献研究整理所得。

就单一维度而言，在以往的研究中学者们往往以供应链整合（Vickery et al.，2003；Rosenzweig et al.，2003；Marquez et al.，2004；Armistead and Mapes，2013）、供应商整合（Ragatz et al.，2002；Petersen et al.，2005；Cousins and Menguc，2006；Das et al.，2006；Koufteros et al.，2007）、客户整合（Homburg and Stock，2004）、内部整合（Pagell，2004）、战略整合（Johnson，1999）等作为供应链整合的维度体现。

而作为一个多维构念，两维度的划分主要有：Frohlich 和 Westbrook（2001）、Swink 等（2007）、Li 等（2009）将供应链整合划分为供应商整合与客户整合两个维度，Stank 等（2001）、Saeed 等（2005）、Narayaman 等（2015）、刘会等（2015）将供应链整合划分为内部整合与外部整合两个维度，Germain 和 Iyer（2006）将供应链整合划分为内部整合与下游整合两个维度，Morash 和 Clinton（1998）将供应链整合划分为组织内部流程整合与组织间运作集成两个维度。

三维度的划分主要有：Gimenez 和 Ventura（2005）将供应链整合划分为物流与生产整合、物流与营销整合、外部整合三个维度，Narasimhan 和 Kim（2002）、Flynn 等（2010）、Huo（2012）、Zhao 等（2008，2011）、Wong 等（2011）、曹智等（2012）、孙晓波、骆温平（2014）、徐可等（2015）、霍宝锋等（2016）基于供应链供应商—企业—客户的逻辑，将供应链整合划分为内部整合、客户整合以及供应商整合三个维度，这种划分也得到了学术界的普遍认可与采用。

此外，在四维度划分方面，Droge 等（2004）将供应链整合划分为供应商整合、客户整合、战略规划整合、设计过程整合四个维度；与此同时，Koufteros 等（2005）也将供应链整合划分为内部整合、客户整合、供应商整合、供应商流程整合四个维度。

在所有供应链整合相关的维度分类中，学者们所使用的分类标准一般包括基于整合内容与基于整合对象予以划分（霍宝锋、李丝雨，2015），整合的对象包括供应链管理中的物流、信息流、资金流、商流等要素与流程，而整合的内容则一般涉及内部整合与外部整合（供应商整合、客户整合）两大类，只是每个学者对于内外部整合的界定有所偏差，从而导致整合的维度存在差异。基于整合的对象对供应链整合维度的划分得到学术界的普遍认可，一般而言，内部整合强调的是企业为了满足客户需求以及更为有效地与供应商开展合作，将内部各个部门之间的战略、活动以及流程等予以协调，使其运转更为有序、高效的过程（Flynn et al.，2010）；从供应链的视角出发，企业外部整合所涉及的对象包括供应链（上游）与客户（下游）两个主体，企业通过外部整合可以实现与上下游合作对物流与信息的有效管理（Wiengarten et al.，2014），使彼此之间的合作关系更为紧密（Droge et al.，2004），增强相互依赖程度（Narayaman et al.，2015）。

因此，供应链外部整合是指供应链中的企业与外部合作伙伴（供应商与客户）进行协作，将组织内部的战略、活动、流程等协调成合作的、同步的流程的过程，以此获取核心竞争力（Stank et al.，2001；Flynn et al.，2010；Zhao et al.，2011；霍宝锋等，2016）。

（二）供应链整合与信息分享

以往大量文献研究表明，供应链整合能够有效提升供应链中的企业运营绩效（Flynn et al.，2010；Koufteros et al.，2005，2007；Devaraj et al.，2007；曹智等，2012）、市场绩效（Frohlich and Westbrook，2001；Droge et al.，2004；）以及财务绩效（Rosenzweig et al.，2003；Hsu，2013；赵丽等，2011）。尽管众多研究围绕供应链整合对企业绩效的作用展开探索，但是就供应链整合的前因却鲜有研究予以分析（赵亚蕊，2012）。一般而言，供应链整合产生的原因包括降低供应链成员之间的交易成本与资源依赖，以及降低不确定性与不完全信息产生的影响等（Schmalensee，1973；Arrow，1975；赵亚蕊，2012）。因此，基于交易成本理论和不确定性理论，可以将供应链整合的前因总结为交易成本降低和规避不确定性两个方面。

首先，随着组织之间分工的细化以及供应链管理的发展，在动态的市场与产业环境中，由于有限理性的约束，供应链成员之间的交易关系（契约）往往具有不完备性（Williamson，1979），从而使供应链网络成员之间的合作具有较高的交易成本。通过供应链整合能够有效提高供应链合作伙伴之间的信息共享，强化它们之间的信任程度，从而能够在较大程度上降低供应链成员之间的交易与协调成本（Dyer and Chu，2003）。供应链整合所带来的信息能够有效降低企业之间交易的事前与事后信息不对称，从而能够降低机会主义风险所产生的交易成本（赵亚蕊，2012）。

其次，就不确定性的影响而言，主要体现在两个方面：一是随着企业间竞争的加剧，企业逐渐专注于自身的核心能力，而将非核心业务外包给外部企业运营，从而能够有效利用外部资源，但是由于供给需求不确定性等的存在，往往会对企业的生产、采购等造成负面影响（许德惠等，2012；Chen and Paulraj，2004a）；另一方面，由于信息不确定性的存在，使得组织管理者不能有效获取外部信息从而做出合理决策，因此会对组织产生不利影响。基于供应链整合，企业可以与供应链中的其他组织之间建立良好的合作关系，通过供应链互补性资源的整合获得企业生存与发展的关键资源以应对不确定性的影响（Jacobides and Billinger，2006），实现生产与需求的协调一致，降低牛鞭效应等。此外，供应链整合也可以促进企业间的合作，特别是物流同步、信息分享、激励一致等能够有效降低信息不确定性，为企业决策带来及时有效的信息，提升其在供应链中的绩效表现（Simatupang et al.，2002）。

供应链整合作为企业与供应链合作伙伴之间信息整合、资源协调以及组织互联的战略性合作形式，能够加强供应链上企业间的伙伴关系并增强合作伙伴之间的信息共享程度，有效降低企业间的信息不对称（Barratt & Barratt，2011）。如前所述，供应链整合可以有多种划分方式，其中，从企业边界视角的划分是供应链研究中的主流范式（Frohlich & Westbrook，2001）。一般认为广义的供应链整合包括供应商整合、内部整合、客户整合三个维度（Flynn et al.,2010），但 Frohlich 和 Westbrook 认为从整个外向"整合弧"（Arc of integration）看，供应链整合主要包括供应商整合和客户整合两个方面。这两个方面的整合程度直接影响企业绩效提升的程度。这是因为与客户和供应商的高度整合能够使企业改善并顺畅地进行信息和数据交换，从而改进整个供应链的商流和物流（Wiengarten et al.,2014）。此外，供应链整合也能使企业获得供应链其他成员的各种知识或资源，从而增强企业绩效（Cao & Zhang, 2011）。

综上，经济全球化、全球分工和技术进步使越来越多的企业跨越组织边界寻求与外部组织之间的合作，从而形成供应链网络获取竞争优势。在这个过程中，交易成本以及不确定性的存在促进了供应链整合的产生与发展。但不管是在降低交易成本还是缓解不确定性方面，本研究认为供应链整合作用的发挥主要体现在其能够带来信息分享，降低信息不对称方面。供应链企业间的信息分享可以促进其之间的信任程度、合作紧密度，能够有效降低合作伙伴之间的交易成本和不确定性，从而对于企业的绩效具有重要的积极作用（Li and Lin, 2006）。而供应链整合作为促进供应链交易企业间信息协调一致的有效方式，在促进信息分享方面产生了重要作用。此外，通过文献梳理我们可以发现，尽管供应链整合可以通过增强企业之间的协作、促进信息分享等对企业绩效产生重要作用。但是，在供应链金融情境中，供应链整合带来的信息分享是否也能够对中小企业供应链融资解决方案采用和供应链融资绩效产生影响，是需要进一步分析与探讨的问题。

二 信息技术应用

信息技术的发展为供应链管理带来了巨大变革，信息技术在供应链管理中的应用使企业供应链管理水平差异化，从而为企业带来了竞争优势（史艳红，2011）。伴随着信息技术的不断发展与变革，基于 EDI 的信息技术支撑体系、基于 Interne 和 Intranet 集成实现模式以及基于电子商务的信息技术应用等都有效促进了供应链管理的实践与发展（陈长彬，2012）。此外，近年来云计算（cloud computing）作为一种蓬勃发展的信息技术，不仅在信息存储等技术应用领域有着重要作用，而且对商业模式的新一轮创新与变革实践产生了深刻影响（Bardhan et al.，2010；Marston et al.，2011；Abdulaziz，2012）。云计算等信息技术在供应链实践领域的应用与发展在学术领域也得到了学者的广泛关注（汪鸿昌等，2013）。

供应链管理强调的是供应链中的所有参与主体通过协作行为与信息共享获得整体与长期利益，这在一定层面上反映出了信息技术在供应链管理中的重要性（Gunasekaran and Ngai，2004）。在供应链管理中，信息技术（IT）一般是指在管理和信息处理过程中所运用到的所有技术的总称，包括计算机技术（如网络技术）、通信技术（如Internet、EDI）、传感技术（如条码技术、RFID）等（周驷华、万国华，2016）。在具体的企业实践与应用中，信息技术往往以各种系统的形式存在，例如，MRP、ERP、OA、物流管理系统，等等。围绕供应链管理中的信息技术，学者们从多个方面展开了研究，包括供应链管理中的信息技术战略规划研究（Andersen，2001；Hooft and Stegwee，2013）、虚拟企业研究（Sarkis and Sundararaj，2002；Turowski，2002）、电子商务研究（Overby and Min，1983；Alshawi，2001）、信息技术基础设施建设研究（Sharma and Gupta，2013；Ekanayaka et al.，2002）、知识与信息技术管理研究（Bodorik et al.，2002；Spekman et al.，2002）以及信息技术应用研究（Pawar and Driva，2000；Kuruppuarachchi et al.，2002；Wu et al.，2006）等。

其中，就信息技术应用在供应链管理中的作用而言，不同学者关注的焦点也有所差异。基于March（1991）所提出的探索与开发的分类，Subramani（2004）将供应链管理中的信息技术应用划分为探索的信息技术应用与开发的信息技术应用，研究了供应商如何在供应链关系中通过信息技术应用获益；Wu等（2006）在其研究中将信息技术应用细分为信息技术协同与信息技术进步两个维度，研究了信息技术应用对供应链能力、企业市场绩效与财务绩效的影响，其中信息技术进步是指企业采用最先进技术的程度，而信息技术协同则反映的是企业所采用的信息技术与合作伙伴的信息技术之间协调一致的程度；此外，还有大部分学者从信息技术能力视角出发，研究信息技术应用在供应链管理中的作用，例如 Mishra 等（2013）研究了企业信息技术能力对于提升企业的库存效率的作用，Bhatt 等（2005）、Lu 和 Ramamurthy（2011）、周驷华和万国华（2016）均将信息技术能力划分为 IT 基础设施能力、IT 业务经验能力与 IT 关系基础能力三个维度，分析了信息技术能力与信息整合、供应链绩效、组织敏捷性以及企业竞争能力之间的关系。但另一方面，以往研究也表明成功地运用信息技术优化供应链管理同样依赖于高层管理和整体组织结构的支持（Gunasekaran and Ngai，2004）。此外，管理质量、风险和人员管理等在每个信息技术开展与实施的过程中也发挥着重要作用。

在供应链管理中，与既有的管理方式不同，基于云计算等形成的新信息技术应用方式以及投资结构（汪鸿昌等，2013）必然会对组织间的协作行为产生新的影响。因此，应用信息技术形成与供应链结构相匹配的治理结构和合作形式将会成为重要的研究问题。供应链管理的关键是信息共享（林勇、马士华，2000），供应链管理中的信息技术作为信息存储和信息分享的重要信息手段，在企业的供应链管理实践与研究中将有广泛的前景。特别是对于中小企业而言，信息技术应用能够帮助其有效降低成本，在保护其安全与隐私的同时，促进其信息共享与协作行为（Gupta et al.，2013），对于中小企业而言，引进并应用信息技术对于促进企业发展具有重要作用（Trigueros‐Preciado et al.，2013）。特别是在供应链金融中，中小企业供应链融资在很大程度上取决于其与融资企业之间信息不对称的程度。如前所述，信息技术应用可以有效提升企业的信息分享程度，基于此，本研究将信息技术应用作为影响中小企业供应链融资的重要情境因素，探索其在中小企业供应链融资解决方案采用中的作用以及对提升中小企业供应链融资绩效的影响。

第五节　本章小结

通过对以往中小企业融资的相关文献梳理可以发现，信息不对称是影响中小企业融资的主要原因。尽管传统银行借贷与集群网络融资试图基于硬信息或者软信息降低信息不对称，提高中小企业融资质量，但由于中小企业自身的局限性，使得硬信息与软信息在很大程度上难以刻画或者有效衡量。同时，随着供应链管理理论与实践的发展，供应链管理在企业中逐渐得到普及与应用。但随着商流、物流与信息流等研究的深入，供应链管理中的资金流成为研究中的一个短板，因此，中小企业融资难的现状使供应链中的资金流逐渐得到企业界与理论界的重视，从而激发了供应链金融的产生。对于供应链金融目前的研究而言，仍然存在一些不足之处：

首先，供应链金融作为近几年发展起来的一个新兴事物，学术研究对其的探索尚不深入，相关的研究成果也并不成熟。对于供应链金融的概念，学术界目前也未取得统一。最为重要的是，虽然以往研究都强调相对于传统的融资方式，通过供应链金融中小企业能够获得更好的供应链融资绩效，但是对于什么样的中小企业能够通过供应链金融获得融资这一问题，以及其背后存在的理论逻辑是什么，目前的研究并没有给出相关的理论解释。

其次，供应链金融是一个比较广泛的概念，通过文献梳理可以发现，在供应链金融这一融资方式中，存在多种不同的运作模式。通过相关文献回顾可以发现，基于产品要素进行分类的方式得到多数学者的认可，即基于供应链中的运营资金要素状态形成了应收账款融资、存货融资、预付款融资三种供应链金融形态（闫俊宏、许祥秦，2007；胡跃飞、黄少卿，2009；宋华、卢强，2017b）。基于不同的供应链金融形态，会衍生出多种供应链金融方案，例如基于应收账款的反向保理、基于存货的物流金融，等等。在供应链金融中，中小企业往往通过对这些供应链金融方案的采用解决资金短缺问题，进而缓解资金压力。但是，以往研究中只是对供应链融资的效果进行了分析，并未强调中小企业对供应链融资方案采用的作用，也没有进一步指出哪些因素会对中小企业供应链融资方案采用产生影响。

最后，通过文献梳理可以发现，在中小企业融资的过程中，信息不对称是阻碍其有效从金融机构获取资金的主要障碍。尽管传统银行借贷、集群融资等相关研究对于如何破解中小企业在融资过程中的信息不对称问题进行了一定程度的探索（Berger and Udell, 2002; Gobbi and Sette, 2014; Fiordelisi et al., 2014; Hedges et al., 2007; 孟娜娜等, 2016），但并未对这一问题予以较好的解决。然而，基于供应链的自身特征，基于供应链网络的供应链金融在解决信息不对称方面具有天然优势（Pfohl and Gomm, 2009; Gelsomino et al., 2016; 宋华、卢强, 2017b）。但遗憾的是，以往供应链金融相关研究中，鲜有研究就供应链金融在破解信息不对称方面的作用机制予以系统分析，更没有对其在缓解事前与事后信息不对称方面的差异化作用原理进行探讨。

第 三 章

研究模型和理论假设

作为本研究的关键与核心所在，本章主要是基于企业能力理论的基本逻辑和信息经济学的相关思想，在供应链金融中，构建中小企业能力如何通过供应链融资方案采用影响供应链融资绩效的理论模型，并基于信息不对称，引入供应链整合与信息技术应用作为影响中小企业供应链融资的情境因素。在此基础上，通过理论推演，最终形成本研究相关的理论假设。

第一节 理论逻辑与概念模型

基于文献梳理与回顾，虽然以往大量文献表明，企业能力能够对企业绩效产生积极影响，但基于中小企业融资难的现实背景，在供应链金融视角下中小企业的能力如何对其融资绩效产生影响还缺乏深入研究，特别是在供应链金融中，中小企业能力与其供应链融资绩效之间的关系路径还需要进一步分析；另外，就中小企业供应链融资而言，尽管以往研究表明通过采用供应链融资解决方案能够有效降低中小企业与资金提供方之间的信息不对称，提高其供应链融资水平，但背后的内在机制却鲜有研究予以探讨。鉴于此，本研究结合企业能力理论与信息经济学，从能力与信息的视角出发，对中小企业能力与供应链融资解决方案采用以及供应链融资绩效之间的关系进行探索。

首先，基于能力理论的一般理论逻辑（如图 3-1 所示），企业的能力决定其竞争优势，进而对其绩效产生影响（Barney，1986；Prahalad and Hamel，1990；Teece et al.，1997），中小企业的能力会带来其竞争优势的提升，从而能够促进企业绩效的提升。在供应链金融中，往往是供应链网络中具有竞争优势的中小企业更有利于采用供应链融资解决方案，并基于此获得供应链中资金提供企业给予的供应链融资，从而提升供应链融资绩效。

企业能力 ⟹ 竞争优势 ⟹ 企业绩效

图 3-1　企业能力理论的理论逻辑

资料来源：作者绘制。

其次，信息不对称是信息经济学的主要研究内容，在中小企业融资相关研究中，信息不对称也被认为是影响中小企业融资的主要障碍（Berger and Udell，2006；姜付秀等，2016）。因此，在供应链金融中，提升中小企业供应链融资水平的关键是降低中小企业与资金提供企业之间的信息不对称。一方面，Spence（1973）、Boulding 与 Kirmani（1993）等认为基于信号机制可以有效降低市场的信息不对称，中小企业能力作为中小企业的一个信号体现，可以向供应链中的核心企业（资金提供企业）传递关于其竞争优势的信息，从而有助于中小企业采用供应链融资方案缓解资金约束；另一方面，在供应链金融中，中小企业的供应链整合以及信息技术应用等也为促进其信息共享提供了条件，可以进一步降低其与核心企业之间的事前与事后信息不对称，在有助于中小企业采用供应链融资解决方案的基础上，能够有效促进其供应链融资绩效的提升。

综上，本研究基于能力理论与信息经济学，从企业能力与信息不对称的视角出发，在供应链金融的背景下构建了中小企业能力通过供应链融资解决方案采用进而影响其供应链融资绩效内化机制的理论模型，并同时考察中小企业的供应链整合以及信息技术应用在这个过程中的调节作用机制。本研究的具体理论模型如图3-2所示：

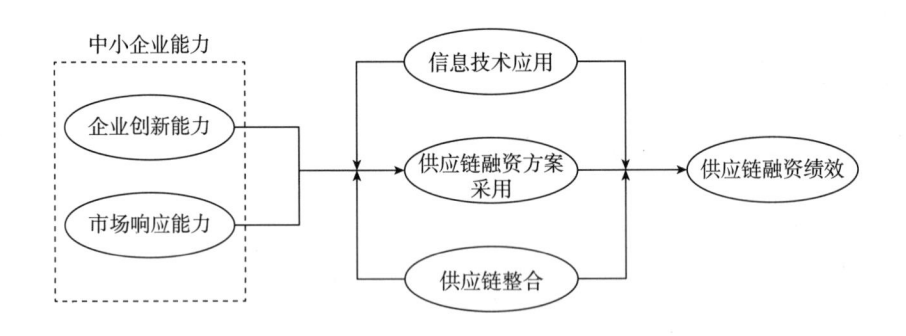

图 3-2 本研究的理论框架

第二节 变量描述与界定

一 中小企业能力

企业能力并不是一个新的构念，每一个组织都需要获取一系列能力使其能够在价值链中生产并传递产品或者服务（Day，1994）。正如以往研究所指出的，企业能力是组织运作过程中产生的一组复杂的技能和累积的知识，使组织能够有效协调各项活动并充分利用组织的资产（Teece et al.，1991）。不同的企业能力能够加速企业不断适应环境的变化（Boynton and Victor，1991；Prahalad and Hamel，1990）。就企业能力的分类而言，基于能力定义的方向和焦点，Day（1994）以及Hua等（2011）的研究认为企业能力可以划分为三类，即内在外化（Inside - Out）能力、外在内化（Outside - In）能力与横跨匹配（Spanning）能力。其中，内在外化能力是由外部市场需求、竞争挑战以及外部机遇等激发的能力，这种能力包括人力资源管理、物流管理、技术创新、成本控制、财务管理等能力；外在内化能力关注的焦点在于组织外部，这种能力的目的是将组织流程与外部环境相联系，使得企业能够通过预测竞争对手的市场需求，并与客户、渠道成员和供应商建立持久的关系更好地赢得竞争，这类能力包括市场响应能力、顾客维系能力、渠道整合能力，等等；横跨匹配能力是内部外化能力与外部内化能力的整合，战略开发、新产品开发、价格制定等均属于横跨匹配能力。然而，这种能力类型划分的标准是组织边界，并没有进一步对能力产生的根源或者基础予以识别。Penrose（1959）在其企业成长理论中提出了"资源—能力—成长"的分析范式，揭示了企业能力促进企业成长，而企业能力的源泉在于企业所拥有的资源。因此，企业所拥有的资源是企业能力产生的基础。

资源基础观（RBV）作为解释企业竞争优势的一个重要战略理论，其认为企业内部拥有的有形与无形资源可以使企业获得独特能力，从而能够提升其竞争力（Wernerfelt，1984；Barney，1991；2001）。随着对资源基础观研究的不断深入，拓展的资源基础观理论（Extended RBV）以及资源优势理论（Resource Advantage Theory）作为资源基础观理论的延伸，均指出组织内与组织间的资源（或协作）都能够促进企业能力的形成与产生（Xu et al.，2014；Hunt and Davis，2008）。鉴于此，本研究根据企业能力的来源将企业能力划分为两类：一是基于组织内部资源产生的能力；二是基于组织间资源（或协作）产生的能力。具体到供应链金融中中小企业的能力而言，宋华（2015）、Song 等（2018）的研究表明，能够获得供应链融资的中小企业绝大多数具有"三有三无"的特征，即有较强的技术研发与创新、较好的市场需求响应能力以及企业家自身具有较强的企业家精神，但往往"无钱、无优质资产、无信用"。在此基础上，从企业层面的能力视角出发，并结合企业能力的来源，本研究认为中小企业基于内部资源产生的市场响应能力和基于组织间资源形成的创新能力对其获取供应链融资具有关键作用。因此，本研究主要考察中小企业的创新能力与市场响应能力两种关键能力对其供应链融资绩效的影响。

二 供应链融资方案采用

随着供应链金融的发展与研究的深入，越来越多的供应链金融模式与实施方案被提出。对于同样的供应链融资方式，不同的学者关注的焦点也有所差异。例如对于反向保理（reverse factoring），Vliet 等（2015）的研究从买方视角出发，提出了一个分析框架，用来评估在反向保理中最适合的付款条件；而 Lekkakos 和 Serrano（2016）则更加关注供方视角，设计一种分析模型，分析反向保理对中小企业供应商的影响。然而，供应链金融市场并不只是存在反向保理一种融资方案，基于供应链视角，Caniato 等（2016）指出供应链金融还可以识别出两种新的供应链融资方案。一类是创新性的融资方案（innovative financing solutions），例如卖方票据转让（seller-basedinvoice auctions）、二级供应商融资（tier-two supplier financing）等；另一类是典型的供应链协作融资方案，例如库存质押（consignment stock）、供应链管理库存（VMI）等（Pfohl and Gomm，2009）。因此，结合 Caniato 等（2016）的研究，本研究中的供应链融资方案采用是指在供应链金融中，中小企业运用传统供应链融资方案（如反向保理）、创新性的融资方案或者供应链协作融资方案等进行融资，以缓解企业资金约束的行为意愿。

三 供应链融资绩效

融资绩效作为企业融资效果的直接体现，以往的研究从不同融资主体出发有不同的表达方式。首先，从银行等金融机构借方视角出发，融资绩效主要有贷款绩效（loan performance）、借贷绩效（lending performance）、信用质量（credit quality）等构念，并且不同构念所表达的具体含义也有所差异。例如，贷款绩效是指在充分考虑到贷款出现违约等风险的情况下，银行等金融机构所能获得的利息等收益（Garmaise, 2015; Khan and Kazi, 2016）；借贷绩效指的是金融机构在借贷后能够获得还款的比例（Ayen and Demissie, 2015），同样与贷款的违约率有着较大的联系（Savitha and Naveen, 2016）；而信用质量则反映的是金融机构信贷发放的质量，银行的逾期贷款、违约率等都可以作为信用质量的表现（Fiordelisi et al., 2014）。其次，从企业等贷方的视角出发，在以往文献中也有着不同表达形式，例如，商业信用（trade credit）较为关注的是供应链合作伙伴中供方企业给予需方企业的信用额度，或者是延迟支付贷款（Chang and Rhee, 2011），而企业的市场地位、价格弹性、抵押价值、信用信息等因素都能够影响其商业信用；还有一部分学者用融资绩效（financing performance）对贷方企业的融资质量予以测量，指出贷方企业的融资绩效更多的是反映企业从不同融资渠道获得融资的效果（宋华、于亢亢，2008; Tagoe et al., 2005; Gomm, 2010; Song et al., 2013;），并且在以往研究中得到了较为广泛的采用。在本研究中，供应链融资绩效是从中小企业视角出发，因此，本研究借鉴 Song 等（2013）的研究，将供应链融资绩效界定为反映中小企业从供应链融资渠道获取资金的效率与质量。

四 供应链整合

在供应链管理相关研究中，供应链整合是一个较为成熟的构念。作为供应链管理中的核心内容，供应链整合的概念非常广泛，在以往研究中学者们也从不同的角度对供应链整合的概念予以界定。通过总结可以发现，现有对供应链整合的界定可以划分为如下几类：基于整合的对象视角进行概念界定（Bowersox and Morash, 1989; Rai et al., 2008）；基于整合的过程视角进行概念界定（Campbel and Sankaranl, 2005; Chen et al., 2009; 孙晓波、骆温平，2014）；基于整合的目的视角进行概念界定（Naylor et al., 1999; Villena et al., 2009）；基于战略的视角进行概念界定（Vickery et al., 2003; Zhao et al., 2008; Flynn et al., 2010）。因此以往研究对供应链整合并未形成一个统一的概念界定。此外，在所有供应链整合相关的维度分类中，学者们一般基于整合内容和基于整合对象予以划分（霍宝锋、李丝雨，2015），整合的对象包括供应链管理中的物流、信息流、资金流、商流等要素与流程，而整合的内容则一般涉及内部整合与外部整合（供应商整合、客户整合）两大类，只是每个学者对于内外部整合的界定有所偏差，从而导致整合的维度存在差异，基于整合的对象对供应链整合维度的划分得到学术界的普遍认可。在本研究情境中，供应链金融中的供应链整合更多强调是中小企业（贷方）在供应链网络中与其他企业的整合程度，因此更多地体现为外部供应链整合。鉴于此，借鉴以往研究的成果，本研究将供应链整合界定为中小企业与外部合作伙伴（供应商与客户）进行协作，将组织内部的战略、活动以及流程等协调成合作的、同步的流程的过程，以此获取核心竞争力的过程（Stank et al.，2001；Flynn et al.，2010；Zhao et al.，2011；霍宝锋等，2016）。

五 信息技术应用

如前所述，在供应链管理中，信息技术（IT）一般是指在管理和信息处理过程中所运用到的所有技术的总称，包括计算机技术（如网络技术）、通信技术（如 Internet、EDI）、传感技术（如条码技术、RFID）等（周驷华、万国华，2016）。但是在研究中，就具体的信息技术应用而言，以往文献中有不同的理解。例如 Subramani（2004）基于 March（1991）的探索与开发将供应链管理中的信息技术应用界定为探索的信息技术应用与开发的信息技术应用；Wu 等（2006）在研究中将信息技术应用细分为信息技术协同与信息技术进步两个维度，其中信息技术进步是指企业采用最先进技术的程度，而信息技术协同则反映的是企业所采用的信息技术与其合作伙伴的信息技术之间协调一致的程度。此外，基于资源基础观，Bhatt 等（2005）、Lu 和 Ramamurthy（2011）、周驷华和万国华（2016）等学者均将信息技术应用界定为一种能力，是利用信息技术资源或资产形成的独特的、能够提升企业竞争力与企业绩效的能力。基于 Wu 等（2006）、Lu 和 Ramamurthy（2011）、周驷华和万国华（2016）等的研究成果，本研究中的信息技术应用是指中小企业通过对各种 IT 资源进行集聚、整合和部署以促进与合作伙伴之间的信息共享，并支持、满足各类业务需求从而实现企业绩效提升的行为。

第三节　研究假设的理论推演

一　中小企业能力与供应链融资绩效

企业作为一系列资源的集合，Barney（1991）认为有价值、稀缺、不可模仿且不能替代的资源是企业竞争优势的唯一来源，对于促进企业绩效提升具有重要作用。但企业能力观认为，企业资源能够提升竞争优势与企业绩效作用的发挥在于企业主动管理与运用资源的能力（Dyer and Singh，1998；Gulati，1999；Ritter，1999）。因此，企业能力是决定企业绩效的关键。企业能力理论认为企业拥有的核心能力是企业长期竞争优势的源泉，积累、保持和运用核心能力是企业长期的根本性战略（Leonard-Barton，1992）。特别是对于众多的中小企业而言，由于其所处的环境相对于大企业而言竞争更加激烈，因此通过强化与提升其内部外能力对于其赢得竞争与获得成长尤为关键。一方面，创新能力是企业竞争的关键（Prahalad and Hamel，1990），而中小企业作为创新体系中极具生命力的主体，是所有创新主体中公认的"生力军"（李瑞晶等，2017），同时，创新能力也是保证中小企业快速成长的有效动力（Keizer et al.，2002；吕一博等，2008）。但由于企业自身所拥有资源的局限性，中小企业更多地依赖于外部联系以保持竞争力（Edwards et al.，2005；陈艳、范炳全，2013），因此，基于组织间资源与合作形成的创新能力对于中小企业维持竞争优势至关重要。另一方面，如何在激烈的竞争中有效利用内部资源快速满足与响应客户的需求，并基于此与客户建立稳定的合作关系对于其生存与发展具有重要作用。因此，本研究认为，对于中小企业而言，其基于组织间资源的创新能力与基于内部资源的市场响应能力是其在激烈的竞争中成功的关键。

创新能力是中小企业能够不断引进或开发新产品与新技术，以及对现有产品、原材料、组织结构与生产流程等进行改进与变革的能力（Tsai and Ghoshal，1998；Tomlinson，2011）。Keizer 等（2002）认为创新能力对中小企业获取竞争优势，提升生产率与利润率等都具有积极作用。市场响应能力作为中小企业积极主动与外部环境（客户）互动的结果，体现的是企业快速响应与满足市场需求变化的程度（Garrett et al.，2009；陈猛等，2015）。在激烈的竞争环境中，具有较强市场响应能力的中小企业能够及时识别并判断外部环境的变化，可以通过持续改善和提高服务或者产品的数量、质量等对市场与客户的需求做出反应（Lu and Ramamurthy，2011），从而与客户保持稳定且紧密的合作，进而有助于其绩效的提升。企业能力对企业绩效的促进作用已在大量文献中得到证明（Schlemmer and Webb，2007；Agha et al.，2011；Blome et al.，2013；Nguyen et al.，2016）。同样，就中小企业的供应链融资绩效而言，与不具有创新能力的企业相比，具有创新能力的企业往往具有较高的经营绩效（Damanpour and Evan，1984），较高的经营绩效可以为企业带来较高的信用水平，从而能够在一定程度上降低其在融资的过程中由于信用缺失带来的高成本，提升其融资可得性。同时，如果中小企业具备较高的市场响应能力，则更容易与供应链网络中的企业建立持久的合作关系。因此，在供应链金融中，对于资金提供企业而言，中小企业这种较强的市场响应能力能够降低因其经营不稳定而产生的高风险与高成本。基于此，本研究提出如下假设：

H1：中小企业能力对其供应链融资绩效具有积极作用；

H1a：中小企业创新能力对其供应链融资绩效具有积极作用；

H1b：中小企业市场响应能力对其供应链融资绩效具有积极作用。

二 供应链融资方案采用的中介作用

由于初始资金有限且内源性融资能力不足，从外部获取资金往往成为中小企业满足资金需求的主要途径。然而绩效记录不健全以及信息不对称等问题使贷方不能对中小企业进行正确评估，从而使中小企业获得外部企业与机构的资金支持比较困难。此外，市场与技术的高不确定性使中小企业缺乏稳定性，这也使得资源提供者不愿与其合作并为其提供资源（朱秀梅等，2010）。因此，在这种状态下，中小企业要能有效地解决融资难问题，就需要通过一定的信号来展现中小企业具备的能力，使贷方能够从这种能力特质中感知到借贷是可期待的，从而降低信息不对称；能够展现该能力的中小企业要比无此能力的企业更能获得成功（Moss et al., 2015）。因此，在供应链金融中，这种作为信号显示的能力一方面反映为企业的创新能力，另一方面体现为其对市场需求的响应能力。

首先，较强的创新能力能够提升中小企业在整个供应链网络中的竞争力，增强其在中小企业群体中的合理性，使其更容易被供应链网络中的核心企业所识别，从而有助于其通过采用供应链融资解决方案获取资金。其次，市场响应能力体现了中小企业对市场及时反应的程度，在供应链网络中，能够及时有效满足客户需求的企业更容易成为核心企业的合作伙伴，从而融入核心企业的业务网络。基于信号理论，信号具有强弱之分，信号越强，越容易被信号接受者识别并给予准确预期（Lampel and Shamsie，2000）。作为一种信号体现，创新能力与市场响应能力越强的中小企业越容易被提供供应链金融解决方案的核心企业所识别，从而更能够基于应收账款、应付账款、库存以及交易条件设定等方式开展供应链融资。此外，大量研究已经表明中小企业能力对竞争优势具有积极作用（Barney，1986；Prahalad and Hamel，1990；Teece et al.，1997），并且以往研究也指出，提高企业的内外部能力有助于企业维持与获取竞争优势，进而对其绩效产生积极影响（Ritter et al.，2004），而现实中往往是具有竞争优势的企业能够成为供应链金融中的融资对象,即中小企业内外部能力带来的竞争优势使其更有愿意采用供应链金融解决方案进行融资。基于此,本研究提出如下假设:

H2:中小企业能力对其供应链融资方案采用具有积极作用;

H2a:中小企业创新能力对其供应链融资方案采用具有积极作用;

H2b:中小企业市场响应能力对其供应链融资方案采用具有积极作用。

一直以来,银行借贷作为中小企业融资的主要来源,由于中小企业自身在银行所要求的硬信息与软信息方面存在局限性(Irwin and Scott,2010;Roberts,2015;Gobbi and Sette,2014;Fiordelisi et al.,2014),使其从银行等金融机构获取资金以维持发展变得尤为困难。供应链金融作为一种新兴的融资方式,强调的是中小企业基于供应链网络产生的真实交易信息与交易信用(Wandfluh et al.,2016)。资金提供企业作为供应链网络中的参与者,能够基于供应链网络结构增强对中小企业的了解与信任。由于中小企业与供应链网络中的其他企业之间有着交易合作关系,这种关系嵌入也能够在一定程度上对中小企业在融资过程中的机会主义行为产生约束。此外,供应链金融为中小企业创造了更多的融资渠道与机会,因为在供应链网络中,中小企业通过与更多的企业建立业务往来,能够使其融入更多由核心企业所主导的企业生态圈,在有利于其获得资源的同时(Khurana,2002;Finne and Holmström,2013),降低了中小企业对某一核心企业的依赖,有助于增加其供应链融资的可得性。因此,在供应链金融中,中小企业能够较为容易地采用供应链融资解决方案缓解资金约束。

以往众多研究都指出,资金问题一直以来都是束缚中小企业成长的主要瓶颈(Berger and Udell,2006;Irwin and Scott,2010;Song and Wang,2013;Roberts,2015;Yan and Sun,2015;Wandfluh et al.,2016)。只有充足的流动性资金才能够保证企业的正常运转,

营运资金周转的质量对企业的经济效益有着直接影响。通过采用供应链融资解决方案能够对中小企业营运资金流实现优化（Gomm，2010），对企业营运资本状况的改善具有积极作用（胡海青等，2014）。张伟斌、刘可（2012）的研究也表明，采用合适的供应链融资解决方案能够有效降低中小企业的融资约束，降低其融资成本，有助于其竞争力的提升。因此，在中小企业融资难的情境中，通过采用供应链融资解决方案可以为其正常企业运作提供资金来源，并且，通过供应链融资解决方案的采用，可以使中小企业以较低的成本获得充足的资金，有助于其供应链融资绩效的提升。此外，结合上述分析，在供应链金融中，作为一种信号反映，中小企业的创新能力与市场响应能力对其采用供应链融资解决方案具有促进作用，能够使其在供应链网络中有效运用交易过程中的要素（应收账款、应付账款、库存等）开展融资行为。综上，在供应链金融中，中小企业的能力可以通过促进中小企业供应链融资解决方案采用意愿提升其供应链融资绩效。基于此，本研究提出如下假设：

H3：供应链融资方案采用在中小企业能力与供应链融资绩效之间具有中介作用；

H3a：供应链融资方案采用在中小企业创新能力与供应链融资绩效之间具有中介作用；

H3b：供应链融资方案采用在中小企业市场响应能力与供应链融资绩效之间具有中介作用。

三 供应链整合的调节作用

以往研究表明，中小企业能够通过供应链金融获得融资的主要原因在于相对于传统的融资方式而言供应链金融更能够降低中小企业与资金提供者之间的信息不对称（宋华等，2017；Pfohl and Gomm，2009；Zhao et al.，2015；Gelsomino et al.，2016）。因此，在供应链金融中，中小企业供应链整合（Flynn et al.，2010；Barratt and Barratt, 2011；Prajogo and Olhager, 2012）与信息技术的应用（Cámara et al., 2015；Bruque – Cámara et al., 2016）作为促进信息共享的有效方式，在中小企业能力有利于供应链融资解决方案采用进而促进其供应链融资绩效提升的过程中有着重要影响。

就供应链整合而言，尽管供应链整合有多个维度划分，但基于企业边界的视角将其划分为供应商整合、内部整合与客户整合三个维度被广泛接受（Frohlich and Westbrook, 2001；Flynn et al., 2010）。从整个外向"整合弧"（arc of integration）看，Frohlich 和 Westbrook（2001）认为外部整合，即供应商与客户整合对企业的绩效提升起着更为关键的作用。这是由于外部整合可以有效改善企业与合作伙伴之间的信息与数据交换，对整个供应链网络中的商流与物流的改进具有重要作用（Wiengarten et al., 2014）。因此，在本研究中，我们主要考察外部供应链整合在中小企业供应链融资中的作用。

供应链整合包括与客户以及供应链合作伙伴之间建立战略联盟、进行信息沟通与共享、同步规划以及协同工作等行为（Zhao et al., 2011；霍宝锋等, 2016）。基于供应链中流的视角，Allred 等（2011）、Devaraj 等（2007）认为供应链整合是供应链网络中企业间信息流、物流、资金流等高效共享的一种方式，因此，供应链整合能够有效降低供应链网络中企业之间的信息不对称。供应链整合带来的信息有助于降低采用供应链融资解决方案前的信息不对称，避免逆向选择的产生。此外，较好的供应链整合使中小企业能够拥有稳定合作关系与业务往来，并且供应链整合能够带来企业之间较高的信任（Barratt, 2004），同时交易成本理论（TCT）认为企业间的信任以及亲密合作能够有效降低交易成本（Williamson, 1979）。企业通过供应链整合可以与供应链网络中的其他企业之间建立良好的关系质量，从而可以使中小企业更好地获取供应链网络中合作伙伴的知识与资源（Zhao et al., 2008；Prajogo and Olhager, 2012）。利用供应商与客户整合，使企业获得更多的资源成为可能（Zhao et al.，2011；徐可等，2015）。因此，资金作为一种重要资源，通过供应链整合所建立的稳定供应链网络也为中小企业采用供应链融资解决方案提供了更多机遇。结合上述分析，在供应链金融中，中小企业的创新能力与市场响应能力在提升其竞争优势的同时，能够使其更容易地被资金提供企业所识别，从而有助于中小企业采用供应链融资解决方案。同时，供应链整合作为降低中小企业与资金提供企业之间信息不对称的有效方式，在增强资金提供企业对中小企业了解的基础上，强化为其提供供应链融资解决方案的信心，能够增加中小企业在供应链网络采用供应链融资解决方案的机会与意愿。鉴于此，本研究提出如下假设：

H4：供应链整合在中小企业能力与供应链融资方案采用之间具有积极调节作用；

H4a：供应链整合在中小企业创新能力与供应链融资方案采用之间具有积极调节作用；

H4b：供应链整合在中小企业市场响应能力与供应链融资方案采用之间具有积极调节作用。

中小企业通过采用供应链融资解决方案对其供应链融资绩效的提升具有重要作用，在这个过程中，基于中小企业较好的供应链整合，作为资金提供方的核心企业能够通过与其频繁而稳定的业务往来对其商业信用进行更好的识别，并能够利用多渠道获取关于中小企业的信息。这是因为通过供应链整合，供应链网络中的核心企业可以更好地获取中小企业的生产、库存、销售以及 POS 等信息，而这些信息往往是银行无法获得的，从而能够提升中小企业通过采用供应链融资解决方案获取供应链融资的可得性。此外，中小企业的业务往来、交易情况等信息能够真实刻画其运营状态（Wandfluh et al.，2016），使核心企业能够对其偿债能力进行较为准确的判断，能够在一定程度上降低由于中小企业信用缺失所带来的融资高成本。即对于供应链整合较好的中小企业而言，其通过采用供应链融资解决方案，能够更容易以较低的成本获得供应链融资，解决资金约束问题。因此，中小企业较强的供应链整合能够积极强化其通过采用供应链融资解决方案对其供应链融资绩效的影响。中小企业通过供应链整合降低了中小企业与资金提供者之间的信息不对称，为中小企业供应链融资解决方案的采用提供了较好的"用武之地"，在有助于降低资金提供企业供应链融资风险的同时，有利于中小企业供应链融资绩效的提升。基于此，本研究提出如下假设：

H5：供应链整合在中小企业供应链融资方案采用与供应链融资绩效之间具有积极调节作用。

四 信息技术应用的调节作用

在供应链金融中，除中小企业的供应链整合能够有效降低信息不对称外，作为信息分享与信息存储的重要手段（Marston et al., 2011；Armbrust et al., 2010），信息技术的应用对于提升中小企业的信息分享程度也具有重要价值。信息技术应用作为一种新型的供应链管理手段，正在改变着企业间信息交换与业务合作的方式。信息技术应用能够有效简化企业的业务流程复杂性，提高企业之间信息系统的兼容性，促进企业之间信息的共享（Wu et al., 2013）。Chen 和 Paulraj（2004b）、Dedrick 等（2008）认为通过需求预测以及生产计划方面的信息共享，信息技术有效促进了供应链合作伙伴之间的协作计划行为。因此，在供应链网络，中小企业通过信息技术的应用，能够增强核心企业对其的信息获取，有助于促进核心企业供应链融资解决方案的开展。

首先，信息技术应用在降低事前信息不对称方面具有重要作用。通过信息技术应用，中小企业可以实现与供应链合作伙伴之间更好的信息交换，从而使合作伙伴在为其提供融资之前能够较为全面地获取中小企业业务、交易等方面的信息。此外，在信息技术环境中，资源并不是位于某个企业内部，而在存储于虚拟的且地理上分散的环境中（Hayes, 2008），但是可以通过基于网络的信息技术对其进行访问并获取（Chen and Wu, 2013）。Melville 等（2004）认为信息技术作为一种互补性的资源，提升了组织中其他企业资源与能力的价值。因此，信息技术的运用在提升中小企业信息分享的同时，同样有助于中小企业外部知识与资源的获取，对于改进客户服务，增强市场响应性以及提升企业之间的合作具有积极作用（Brynjolfsson and Hitt，1997），从而有助于中小企业创新能力以及市场响应能力的进一步发挥，提升其在供应链网络中的竞争力，增加了其被资金提供企业所识别的可能性。综上，在供应链金融中较强的创新能力与市场响应能力传递的信号是中小企业能够成为供应链融资对象的基础，而云计算有助于资金提供企业获取信息的同时，强化了中小企业内部能力作用的效果，更有利于其供应链融资解决方案的采用。

H6：信息技术应用在中小企业能力与供应链融资方案采用之间具有积极调节作用；

H6a：信息技术应用在中小企业创新能力与供应链融资方案采用之间具有积极调节作用；

H6b：信息技术应用在中小企业市场响应能力与供应链融资方案采用之间具有积极调节作用。

在降低事后信息不对称方面，中小企业的信息技术应用所带来的信息为供应链网络中的资金提供企业提供了企业识别与风险管控的重要手段。信息技术应用可以强化中小企业与其合作伙伴业务系统之间的对接，基于信息技术实时信息获取与信息分享的优势，供应链网络中的核心企业（借方）能够及时掌握中小企业的资金流动状况，从而能够对其进行有效监控。因为信息技术能够提升中小企业的信息分享，所以说通过信息技术，核心企业可以对中小企业资金的使用情况进行有效监督，从而降低融资后信息不对称所导致的道德风险。信息技术的应用与供应链整合在降低信息不对称方面，可以起到相互补充的作用，共同提升中小企业的商业信用，有助于其通过采用供应链融资解决方案获得供应链融资。

供应链网络中组织间的信息技术应用促进了供应链中物流、信息流与资金流的合理流动（Rai et al.，2012）。同时，在供应链中，尤其是在复杂的供应链环境中，通过提供真实的产品供应、库存水平、配送状态以及产生需求等信息（Lancioni et al.，2000；Chen and Paulraj，2004b），信息技术的运用能够有效提升供应链中企业的运作效率（Melville and Ramírez，2008）。相对于传统的供应链管理手段，在供应链中信息技术应用在灵活性、可配置性、成本效率以及实施成本等方面也具有一定的优势（Durowoju et al.，2011），可以帮助企业实现对内部不同软硬资源的整合与利用，提升企业绩效（Cámara et al.，2015）。因此，就中小企业而言，信息技术应用可以帮助其获取资源，并能够提升供应链融资所获得资金的使用价值与效率，促进企业成长。而对于采用供应链融资解决方案的中小企业而言，较高的绩效表现降低了其违约的风险，使其能够以较低的成本获取供应链融资。因此，通过信息技术应用，可以进一步提高中小企业采用供应链融资获取供应链融资的可得性，降低其供应链融资的成本。基于此，本研究提出如下假设：

H7：信息技术应用在中小企业供应链融资方案采用与供应链融资绩效之间具有积极调节作用。

第四节　本章小结

尽管以往研究表明，供应链金融能够有效提升中小企业融资绩效，但是其内在机制尚缺乏进一步系统研究。基于此，本章在第二章相关文献综述的基础之上，对本研究中的各个关键构念进行了理论阐述与概念界定，并结合企业能力理论与信息不对称理论构建了供应链金融中中小企业能力影响其供应链融资绩效的理论模型。一方面，基于企业能力理论中"企业能力—竞争优势—企业绩效"理论逻辑，对理论研究模型中各个变量间的逻辑关系以及背后的理论基石进行了系统梳理与分析。在此基础上，本研究提出了中小企业创新能力、市场响应能力、供应链融资方案采用、供应链融资绩效之间的理论假设关系，其中包括假设 1 及其子假设、假设 2 及其子假设与假设 3 及其子假设三组理论假设；另一方面，根据信息不对称理论逻辑，构建了供应链整合与信息技术应用在中小企业能力影响供应链融资绩效过程中的情境作用假设，包括假设 4 及其子假设、假设 5、假设 6 及其子假设与假设 7 四组理论假设。本研究中的理论假设如表 3-1 所示。

表 3-1　　　　　　　　本研究中的理论假设汇总

序号	假设描述
H1	中小企业能力对其供应链融资绩效具有积极作用
H1a	中小企业创新能力对其供应链融资绩效具有积极作用
H1b	中小企业市场响应能力对其供应链融资绩效具有积极作用
H2	中小企业能力对其供应链融资方案采用具有积极作用
H2a	中小企业创新能力对其供应链融资方案采用具有积极作用
H2b	中小企业市场响应能力对其供应链融资方案采用具有积极作用
H3	供应链融资方案采用在中小企业能力与供应链融资绩效之间具有中介作用
H3a	供应链融资方案采用在中小企业创新能力与供应链融资绩效之间具有中介作用
H3b	供应链融资方案采用在中小企业市场响应能力与供应链融资绩效之间具有中介作用
H4	供应链整合在中小企业能力与供应链融资方案采用之间具有积极的调节作用
H4a	供应链整合在中小企业创新能力与供应链融资方案采用之间具有积极调节作用
H4b	供应链整合在中小企业市场响应能力与供应链融资方案采用之间具有积极调节作用
H5	供应链整合在中小企业供应链融资方案采用与供应链融资绩效之间具有积极调节作用
H6	信息技术应用在中小企业能力与供应链融资方案采用之间具有积极调节作用
H6a	信息技术应用在中小企业创新能力与供应链融资方案采用之间具有积极调节作用
H6b	信息技术应用在中小企业市场响应能力与供应链融资方案采用之间具有积极调节作用
H7	信息技术应用在中小企业供应链融资方案采用与供应链融资绩效之间具有积极调节作用

第 四 章

研究设计与预调研

本章根据第三章提出的理论模型进行了科学严谨的研究设计。其中，包括按照量表开发的程序与步骤对理论模型中所涉及的各个构念进行了量表开发，基于前人的研究成果，形成了本研究的初始测量量表。通过预调研进行探索性因子分析，并根据探索性因子分析的结果对初始量表进行了修正与纯化，最终形成了本研究大样本调研中所使用的正式调查问卷。

第一节 准复制研究

学术研究的目的是服务于实践，然而，对于单一的实证研究而言，往往是针对特定的研究情境所开展，有着特定的研究数据，使用特定的研究方法。因此，单一的实证研究并不能确定研究结果是否可以推广到不同的研究情境中，也不能证明对于不同的研究方法结果是否具有稳健性。基于此，通过复制研究可以验证研究结果的适用性，从而能够更好地为实践服务。Tsang 和 Kwan（1999）根据数据的来源以及构念测量与数据分析的方法对复制研究进行了分类，在此基础上，Bettis 等（2016）对其进行了更为细致的类型划分。划分标准主要包括两个维度，一是与原始研究数据以及研究情境的相似性，二是与原始研究的研究设计的相似性（如图 4-1 所示），研究情境的相似性又可以划分为三种情况，即使用相同的数据、相同的研究情境中选取不同样本、不同的研究情境；而研究设计的相似性包括相同的研究设计与不同的研究设计两种情况，两个维度不同组合产生了六种准复制研究（Quasi-replication）类型：

维度	相同的研究设计	不同的研究设计
相同的样本数据	结果验证与证伪（类型1）	研究结果在不同测量方法、研究方法以及研究模型中的稳健性（类型4）
相同的研究情境中选取不同样本	检验数据的可靠性与代表性（类型2）	研究结果在不同测量方法、研究方法以及研究模型中的稳健性（类型5）
不同的研究情境	推广到新的研究情境（不同被试、行业、时间周期等）（类型3）	推广到新的研究情境并评价其稳健性（类型6）

图 4-1　复制研究的类型划分

注：其中，阴影部分为准复制研究（Quasi-replication）类型。

资料来源：Bettis, R. A., Helfat, C. E., Shaver, J. M.，"The necessity, logic, and forms of replication"，*Strategic Management Journal*，2016，37（11），2193-2203.

类型1：使用相同的研究设计对同样的样本数据进行检验，这种复制研究可以检查研究结果是否存在错误以及研究是否存在伪造结果的问题；类型2：在相同的研究情境中选取不同的样本，使用相同的研究设计对其进行验证，这种复制研究可以实现检验数据结果可靠性与代表性的目的；类型3：使用相同的研究设计在不同研究情境（不同被试、行业、时间周期等）中进行验证，从而能够判断研究结果是否可以推广到新的研究情境；类型4：使用不同的研究设计对相同的样本数据进行检验，不同的研究设计包括不同的构念测量方法、不同的数据处理与研究方法、不同的研究模型等，这种复制研究有利于判断研究结果的稳健性；类型5：使用不同的研究设计在相同的研究情境中选取不同样本进行验证，同样也可以判断研究结果在不同测量方法、研究方法以及研究模型中的稳健性；类型6：使用不同的研究设计在不同的研究情境中进行研究，这种复制研究不仅可以判断研究结果的稳定性，也可以判断研究结果是否可以推广到新的研究情境。

综上，类型1与类型2可以被称作狭义的复制研究（Narrow Replication），而类型3、类型4、类型5、类型6（图中阴影部分）被称作准复制研究（Quasi-replication）。相对于狭义的复制研究而言，准复制研究在战略管理等研究中价值意义更大，更有利于检验研究结果的稳健性和推广（Bettis et al., 2016）。

基于此，在本研究情境中，由于供应链金融目前还是一个较为新的研究领域，对于其进行的相关实证研究较少，为了保证研究结果的稳定性、普适性以及可使用性，本研究将采取准复制研究中的针对相同的样本数据采用不同的研究设计对其进行检验（类型4）。具体而言，本研究将通过问卷调查的方式进行数据收集，在采用多元回归分析对收集的样本数据进行研究假设验证的基础上，同时利用模糊集定性比较分析方法进行准复制研究，以此检验研究结果的稳健性。此外，模糊集比较分析方法在处理大样本以及解决更为复杂的问题等方面受到管理学者的关注，其在检验假设或已有理论的同时，还能够进一步通过构型的形式发现变量之间的新的关系（杜运周、李永发，2017）。因此，通过模糊集定性比较分析方法进行准复制研究，一方面有助于保证研究结果的稳健性，另一方面也能够进一步对各个变量之间的关系进行系统梳理与分析，从而能够丰富与拓展研究结果，发现新的研究结论。

第二节 变量测量

一 量表的开发步骤

本研究采用问卷调查的方式收集样本数据。问卷法收集数据具有多个方面的实用性，例如问卷法收集数据速度快、样本数量较大；对被调查者的干扰较小，容易得到支持且操作性强；再就是问卷收集数据成本较低（陈晓萍等，2012）。在问卷收集数据的过程中，最为重要的就是量表的开发，即为研究中的构念设计测量指标。一般而言，研究中所涉及构念的测量指标主要通过两种途径产生：一是沿用现有的量表，二是自行设计量表。其中，沿用现有文献中较为成熟的量表一般具有较高的信度和效度，且由于被广泛使用而认可度也会较高，但沿用现有量表时也会存在文化、时间、语言等方面的局限性；而自行设计量表往往更具有挑战性，且量表的科学性也容易受到质疑。

具体而言，测量量表产生的方法有演绎法（detective approach）和归纳法（inductive approach）两种。演绎法是指，研究者通过对已有文献的整理，对构念进行清晰界定，确认测量指标的涵盖范围，发展或改编现有的量表题目，实现对构念的操作化，是一种"自下而上"的开发模式（Hinkin，1998）；而在归纳法中，研究者往往对目标构念的内容、目标、结构等不充分了解，需要通过定性的方式了解构念的内容与结构，并结合现有文献产生量表，因此是一种"自下而上"的开发模式（Hinkin，1998）。在本研究中，所有相关构念均为较为成熟的构念，即便有些构念未形成公认的测量量表，但是也具有较为清晰的内容与结构。因此，本研究中主要采用演绎法进行测量量表的开发。同时，由于部分构念在中国情境下研究不足，本研究在量表开发时对其进行了合理的语义与情境修正。为保证量表开发的严谨性与科学性，具体而言，本研究量表开发的过程如下：

首先，通过对发表在权威期刊上的多篇相关文献进行整理与阅读，提取和完善各个构念的量表，对发表在英文期刊上的构念的测量指标采取严格的双向翻译（back-translation），先由研究者将英文量表翻译成中文，然后由与本研究无关的语言专业人员将其回译为英文，从而保证各个构念测量量表语义表达的准确性。此外，为保证测量量表具有较高的内容效度，本研究还听取了多位专家的意见，包括2位供应链管理研究方向的资深教授、2位供应链管理研究方向的在校博士生以及3位来自企业的供应链管理或者供应链金融相关业务的高管。在广泛征集意见后，对引用或者翻译的量表题项进行了修改，最终形成问卷初稿。

其次，邀请来自企业的10位熟悉供应链金融业务的中高层经理参与了试填。通过试填，让参与者在回答的过程中对遇到的任何问题或者疑惑提出自己的见解（于兀兀，2012），同时调研人员积极了解参与者对问题顺序等的反应，在此基础上对测量量表中有歧义或者不易理解的地方进行修正，进一步对量表予以优化。

最后，为了保证回收数据的准确性，根据陈晓萍等（2012）的建议，再次对测量量表进行了简化，将其填写时间控制在8分钟之内，以避免被试在填写的过程中产生厌恶情绪而导致填写偏差。

基于上述量表开发步骤产生的测量量表，本研究进行了预调研并对回收的数据进行探索性因子分析，基于探索性因子分析结果进一步对测量量表予以优化，从而形成本研究所使用的正式调查问卷。

二 量表来源

（一）中小企业能力

在本研究中，根据企业能力的来源将企业能力划分为基于组织内部资源的市场响应能力和基于组织间资源的创新能力。其中，就中小企业的创新能力而言，由于中小企业尚属于发展初期且自身实力有限，从而需要通过有效利用外部资源或合作进行创新。因此，创新能力主要反映的是中小企业能够以较低成本在较短的时间内研发新产品与新技术，或能够不断地开发、改进新流程与新方法，以及为更好满足顾客需求而进行及时变革等方面的能力（宋华、卢强，2017a）。鉴于此，本研究主要借鉴 Narasimhan 和 Das（1999）、Tomlinson（2011）、宋华和卢强（2017a）等对中小企业创新绩效、创新柔性等方面的研究成果，形成中小企业创新能力的测量量表。市场响应能力体现的是中小企业通过有效整合内部资源及时对市场需求做出反应的程度，在营销领域研究中往往表现为企业的市场响应性。本研究将主要参考营销学中对市场响应性的测量，基于 Chang 等（2013）、Garrett 等（2009）与陈猛等（2015）的研究成果进行开发与拓展，并结合本研究情境予以修正。综上，中小企业创新能力、市场响应能力的测量具体如表 4-1 所示。

表 4-1　　　　　　　中小企业能力测量指标及其来源

构念	测量指标	量表来源
创新能力	我们能以较低成本在较短时间内引进或研发新产品与新技术	Narasimhan and Das（1999）；Tomlinson（2011）；宋华和卢强（2017a）
	我们会及时对现有产品与业务流程予以改进	
	我们能够不断将新方法或新技术引入现有管理过程中	
	我们会在生产与研发的过程中不断引进新材料与新技术	
	我们会根据产品生产或销售要求进行组织变革与改进	
市场响应能力	我们能在较短时间内变更产品来满足客户需求	Chang et al.（2013）；Garrett et al.（2009）；陈猛等（2015）
	我们能快速向市场推广新产品	
	我们能以较低的成本将新产品营销给下游客户	
	我们有多套新产品的广告、促销等方案，灵活多变	
	我们能够快速应对市场需求的变化	

（二）供应链融资方案采用

就供应链融资方案采用而言，目前并没有较为成熟的测量量表。然而，Caniato 等（2016）在其研究中提出了供应链融资方案采用的概念化指标，认为供应链融资方案包括传统的供应链融资方案（如反向保理）、创新性的融资方案（卖方票据转让、库存融资等）以及供应链协作融资方案（库存质押、供应链管理库存等）三种类型。Wandfluh 等（2016）在其研究中也使用基于库存设备融资，以及付款条件的改变等题项作为供应链融资方案的体现。然而，本研究中供应链融资方案采用刻画的是中小企业的通过供应链融资方案解决资金约束的行为意愿。鉴于此，本研究将以 Caniato 等（2016）的研究为基础，开发与修订供应链融资方案采用的测量量表，并结合本研究情境予以修改，具体如表 4-2 所示。

表 4-2　　　　　供应链融资方案采用测量指标及其来源

构念	测量指标	量表来源
供应链融资方案采用	如果我们有流动性问题，可以通过调整付款条件予以解决	Min and Mentzer（2004）；Randall and Farris II（2009）；Caniato et al.（2016）；Wandfluh et al.（2016）
	我们利用不动产或动产从供应链合作伙伴处融资	
	我们基于应收账款从供应链合作伙伴处融资	
	我们基于应付账款从供应链合作伙伴处融资	
	我们通过与供应链合作伙伴合作解决资金问题	

（三）供应链融资绩效

供应链融资绩效是指中小企业通过供应链金融获取融资的效率或质量。在金融研究领域中，企业的融资绩效一般从融资代价（成本）（Carter et al.，2004）、融资量（Lehmann and Neuberger，2001）以及融资可得性（Tagoe et al.，2005）等几个方面予以测量。宋华和于亢亢（2008）、Song 和 Wang（2013）等学者也基于融资可得性、周期、成本以及融资量等维度对集群环境下中小企业融资绩效予以测量，并呈现出较好的效果。此外，在供应链金融研究中，Gomm（2010）提出了一个反映供应链融资效率的理论模型，包括融资周期、融资量以及融资成本三个维度。鉴于此，本研究将基于上述研究成果修正与开发供应链融资绩效的测量量表，具体测量量表如表 4-3 所示。

表4-3　　　　　　　　　供应链融资绩效测量指标及其来源

构念	测量指标	量表来源
供应链融资绩效	我们从供应链合作伙伴处融资的利率较低	Gomm（2010）；Tagoe et al.（2005）；Song 和 Wang（2013）；宋华和于亢亢（2008）
	我们从供应链合作伙伴处融资的成功率较高	
	我们从供应链合作伙伴处融资的期限较为灵活	
	我们从供应链合作伙伴处融资的额度较为灵活	
	我们从供应链合作伙伴处融资的抵押/质押率更低	

（四）供应链整合

以往研究中对供应链整合的研究较为成熟，且大多数学者都从内部供应链整合与外部供应链整合对其予以划分（Narasimhan and Kim, 2002；Flynn et al., 2010；Huo, 2012；Zhao et al., 2008, 2011；Wong et al., 2011；曹智等，2012；孙晓波、骆温平，2014；徐可等，2015；霍宝锋等，2016），并且对其的具体测量包括内部整合、供应商整合以及客户整合三个维度。但在本研究中，供应链金融情境下的供应链整合更为强调的是中小企业与其供应链网络中供应商与客户等合作伙伴之间的整合程度，是一种外部供应链整合的体现。基于此，本研究中供应链整合的测量量表主要修改自 Frohlich 与 Westbrook（2001）、Flynn 等（2010）、徐可等（2015）的研究，测量题项涉及中小企业与其客户以及供应商之间协作、信息共享以及长期合作关系建立等指标，具体如表4-4所示。

表4-4　　　　　　　　　供应链整合测量指标及其来源

构念	测量指标	量表来源
供应链整合	我们与供应商积极互动与探讨产品开发	Frohlich and Westbrook（2001）；Flynn et al.（2010）；徐可等（2015）
	我们有程序或方法获得供应商的运营信息	
	我们与客户积极互动以改进产品或服务质量	
	我们有正式的惯例和标准作业程序与客户以及供应商联络，并努力建立长期合作关系	

(五) 信息技术应用

尽管信息技术应用在供应链管理中得到广泛研究，但在学术领域，以往学者对其测量却根据研究需要从不同视角予以切入，例如 Subramani (2004) 从探索的信息技术应用与开发的信息技术应用两个维度予以测量；Wu 等 (2006) 则采用信息技术协同与信息技术进步两个维度；而还有学者强调信息技术能力 (Bhatt et al., 2005; Lu and Ramamurthy, 2011; 周驷华、万国华, 2016)。本研究中的信息技术应用是指中小企业通过对各种 IT 资源进行集聚、整合和部署以促进与合作伙伴之间的信息共享，并支持、满足各类业务需求从而实现企业绩效提升的行为。Cámara 等 (2015) 在其研究中探索了云技术等信息技术应用对企业运营绩效的影响，与本研究的研究情境较为契合。因此，本研究在 Cámara 等 (2015) 的研究成果的基础上，结合 Subramani (2004) 等学者的测量形成信息技术应用的测量量表，具体如表 4-5 所示。

表 4-5　　　　　信息技术应用测量指标及其来源

构念	测量指标	量表来源
信息技术应用	我们不同职能部门之间通过计算机集群网络互联	Cámara et al. (2015); Subramani (2004)
	我们运用信息技术整合组织内部资源	
	我们运用信息技术与商业伙伴之间进行资源共享	
	我们运用信息技术获得处于全球网络中各种组织的资源	
	我们运用信息技术支持订单、采购、运输、库存、销售与配送等各个业务流程	

(六) 控制变量

以往研究与企业实践同时表明，不同的企业规模、企业资产、企业年销售量等情况作为"硬信息"的体现 (Stein, 2002)，也会成为影响融资机构为中小企业提供融资的重要因素。例如，企业规模较大，或者总资产较多的中小企业往往具有较强的偿债能力。因此，相对而言能够较为容易地获得融资机构所提供的融资服务。鉴于此，本研究将企业的经营年限、企业规模（拥有员工的数量）、年销售额以及总资产等作为控制变量纳入研究模型中，以求能够对本研究其他主要构念之间的内在逻辑关系进行科学考察。

第三节　预调研与探索性因子分析

一　预调研问卷与样本

（一）预调研问卷说明

基于上述量表开发步骤以及各个构念的量表来源，形成本研究中所使用的初始调查问卷。具体而言，本研究用于预调研的初始调查问卷包括如下几部分内容（具体见附录一）：

问卷的抬头为是对调查问卷的说明，通过这一部分内容向被试说明本调查用于科研的目的以及匿名的形式，以及完成作答可能需要的时间，并强调对其提供的数据进行保密，以消除被试者的顾虑，使被试者能够放心认真填写，从而保证数据填写的质量。

问卷的第一部分为中小企业能力构念的测量，其中创新能力 5 个题项，市场响应能力 5 个题项，共 10 个题项。

问卷的第二部分为供应链融资相关构念的测量，包括供应链融资方案采用 5 个题项，供应链融资绩效 5 个题项，共 10 个题项。

问卷的第三部分为影响中小企业供应链融资的情境因素构念测量，包括供应链整合 4 个题项，信息技术能力 5 个题项。

问卷的第四部分为研究中所纳入的控制变量，包括经营年限、企业规模（拥有员工的数量）、年销售额以及总资产等。

此外，本研究中所有构念的测量均采用 5 刻度李克特量表法，从"1"到"5"分别表示被试者对每个测项描述内容的同意程度。数值越大，表示同意程度越强，例如"1"表示"完全不同意"，而"5"则表示"完全同意"。

（二）样本选取与结构

尽管本研究中所有构念的测量量表都来自以往研究，但是由于目前供应链金融相关研究在国外更为成熟，供应链金融相关构念的测量量表也是基于国外企业实践所开发。因此，在中国情境下是否能够适用有待验证。就本研究中供应链融资方案采用这一构念而言，目前对其的测量也只是停留在概念化上，并未在实证研究中进行进一步验证。因此，为了保证研究中所使用的量表具有较高的信效度，在正式收集数据之前，我们通过预调研进行探索性因子分析，对各个构念的测量量表进行修改与纯化。

基于便利取样的原则，预调研在一个我们长期追踪并有着紧密合作关系的企业中开展。该企业位于广东深圳，是一家依托电子商务和供应链服务，以信息化技术为核心的国家级高新技术企业。基于传统运作模式的弊端，通信行业大多数中小企业面临严重的资金约束问题。尽管行业中形成了分工明确的产业链，但是由于众多中小企业并不能有效获得资金，即使能够获得企业订单，也不能有效地组织生产。鉴于这种情况，基于多年的发展，该企业通过虚拟产业集群搭建了通信产业互联网平台，利用云技术构建了接单平台、虚拟生产平台以及海外运营平台，从而将通信行业中众多的中小企业纳入这三个平台中，并在此基础上对通信手机行业的供应链进行重新整合。在重新整合业务流程的基础上，为众多中小企业提供了多种供应链金融解决方案，例如为接单企业提供订单融资，为零部件供应商开展了保理业务，为组装厂提供融资租赁以及保理业务等。通过供应链金融的开展，实现了产业与金融的迭代发展，搭建了通信行业的产业生态圈，从而提升了整个产业的竞争力。

因此，在该企业的协助下，我们向其平台上的客户进行了问卷发放。同时，由于本研究中我们的研究对象为中小企业，为了保证预调研中所调研的对象均为中小企业，在选取样本时我们以工信部2011年颁发的《关于印发中小企业划型标准规定的通知》中对中小企业的识别标准为基础，即需要满足：员工数量2000人以下，年销售额低于3亿元人民币，并且企业所持有的资产低于4亿元人民币。按照上述标准，问卷共发放100份，回收96份，将一些漏填较多且具有明显错误的问卷删除后，得到有效问卷84份。最终，预调研获得的样本数据的基本结构如表4-6所示。

表4-6　　　　预调研有效样本的分布结构（N=84）

变量	指标	频数	频率（%）
运营年限	1年以内	3	3.6
	1—2年	6	7.1
	2—5年	28	33.3
	5—10年	24	28.6
	10年以上	23	27.4
企业规模（员工人数）	0—50人	60	71.4
	51—100人	11	13.1
	101—300人	2	2.4
	301—500人	1	1.2
	501—1000人	3	3.6
	1001—2000人	7	8.4
年销售额（百万元）	少于5	17	20.2
	5—10	17	20.2
	10—20	18	21.4
	20—30	5	6.0
	30—50	8	9.5
	50—150	6	7.1
	150—300	13	15.5
总资产（百万元）	少于5	45	53.6
	5—10	17	20.2
	10—30	5	6.0
	30—40	3	3.6
	40—100	3	3.6
	100—200	2	2.4
	200—400	9	10.7

二 预调研分析

预调研分析的目的是对设计的调查问卷进行进一步的修正与纯化，使其能够具有较高的信度与效度。因此，在预调研分析的过程中，主要运用 SPSS22.0 统计分析软件对数据进行分析，并通过校正项的总相关系数（corrected – item total correlation，CICT）进行信度分析，运用探索性因子分析进行构念效度检验，在此基础上对各个构念的测量量表予以纯化。

（一）CICT 信度分析

信度（reliability）评价的是测量量表测验结果的一致性、稳定性与可靠性（陈晓萍等，2012）。信度可以理解为量表的真实分数在测验得分中所占的比例。一般而言，对信度的评价主要考察量表的内部一致性程度，也就是评价测量指标之间的同质性。在学术研究中，最为常用的评价指标便是针对李克特量表开发的 Cronbach's α 系数，它的主要思路是通过多个测量指标对构念测量，以方差分析方式，从测量得分中区分出由构念本身导致的共同变异量和由被试个体差异导致的变异量，基于此估计量表的信度系数。对于其判别标准，学术界一般以 0.7 作为临界值，认为 Cronbach's α 系数应达到或大于 0.7（Nunnally，1978）。此外，当存在多个测量指标时，对于那些删掉后会使量表信度增加的测量指标，可以选择将其剔除（刘军，2008），同时，本研究将基于 Churchill（1979）提出的测量指标的 CICT 值应该大于 0.4 的标准对测量题项予以纯化。

如表 4 – 7 所示，就中小企业能力两个构念而言，创新能力与市场响应能力的 Cronbach's α 系数值均大于 0.7，同时也并未出现剔除某个题项使得构念的 Cronbach's α 系数值提高的情况。此外，两个构念各个测量指标的 CICT 值也均满足大于 0.4 的标准。因此，本研究将中小企业能力两个构念的所有测量题项均予以保留。

表4-7　中小企业能力的 Cronbach's α 值和 CICT（N=84）

构念（α）	题项	CICT	删除后的 Cronbach's α 系数
企业创新能力 （0.877）	IC1	0.686	0.864
	IC2	0.694	0.854
	IC3	0.760	0.840
	IC4	0.751	0.845
	IC5	0.698	0.853
市场响应能力 （0.880）	MRC1	0.747	0.847
	MRC2	0.730	0.851
	MRC3	0.649	0.871
	MRC4	0.731	0.851
	MRC5	0.724	0.854

注：IC 代表创新能力，MRC 代表市场响应能力（下同）。

如表4-8所示，就供应链融资方案采用构念而言，其 Cronbach's α 系数值大于0.7，但在删除 SCFA1 题项后构念的 Cronbach's α 系数值明显提高，并且其 CICT 值为0.391，并未达到大于0.4的标准。因此，本研究将供应链融资解决方案采用的 SCFA1 题项予以剔除，以实现对量表的纯化。

表4-8　供应链融资方案采用的 Cronbach's α 值和 CICT（N=84）

构念（α）	题项	CICT	删除后的 Cronbach's α 系数
供应链融资方案采用 （0.759）	SCFA1	0.391	0.764
	SCFA2	0.629	0.676
	SCFA3	0.537	0.716
	SCFA4	0.601	0.700
	SCFA5	0.531	0.716

注：SCFA 代表供应链融资方案采用（下同）。

如表4-9所示，就供应链融资绩效构念而言，其Cronbach's α系数值大于0.7，但在删除SFP5题项后构念的Cronbach's α系数值明显提高，并且其CICT值为0.342，并未达到大于0.4的标准。因此，本研究将供应链融资绩效的SFP5题项予以剔除，以实现对量表的纯化。

表4-9　供应链融资绩效的Cronbach's α值和CICT（N=84）

构念（α）	题项	CICT	删除后的Cronbach's α系数
供应链融资绩效 （0.777）	SFP1	0.572	0.729
	SFP2	0.435	0.775
	SFP3	0.704	0.682
	SFP4	0.725	0.673
	SFP5	0.342	0.800

注：SFP代表供应链融资绩效采用（下同）。

如表4-10所示，就供应链整合构念而言，其Cronbach's α系数值大于0.7，虽然在删除SCI4题项后构念的Cronbach's α系数得到提高，但是构念各个测量指标的CICT值均大于0.4。因此，供应链整合构念的所有测量题项均得到保留。

表4-10　供应链整合的Cronbach's α值和CICT（N=84）

构念（α）	题项	CICT	删除后的Cronbach's α系数
供应链整合 （0.905）	SCI1	0.780	0.880
	SCI2	0.803	0.871
	SCI3	0.881	0.842
	SCI4	0.687	0.911

注：SCI代表供应链整合（下同）。

如表4-11所示，就信息技术应用构念而言，其Cronbach's α系数值大于0.7，同时也并未出现剔除某个题项使得构念的Cronbach's α 系数值提高的情况。此外，构念各个测量指标的 CICT 值也均大于 0.4，因此，信息技术应用构念的所有测量题项均得到保留。

表 4-11　　信息技术应用的 Cronbach's α 值和 CICT （N=84）

构念（α）	题项	CICT	删除后的 Cronbach's α 系数
信息技术应用（0.925）	IA1	0.814	0.906
	IA2	0.784	0.911
	IA3	0.776	0.913
	IA4	0.835	0.902
	IA5	0.813	0.906

注：IA 代表信息技术应用（下同）。

（二）探索性因子分析

效度（validity）反映的是测量量表有效的程度，即测量量表能够在多大程度上反映所要测量的特性（陈晓萍等，2012；林震岩，2007）。效度检验一般包括内容效度、结构效度以及预测效度等。其中由于预测效度涉及对不同时点收集数据的预测效果进行判断，难度较大且对整体效度的影响较小，因此一般在研究中不予进行检验。因此，本研究将主要对测量量表的内容效度与结构效度予以分析。

内容效度（content validity）指的是问卷内容的贴切性与代表性（Churchill，1979）。由于本研究中，所有构念的测量均借鉴国内外较为成熟的测量量表，其代表性已在以往研究中得到了证明。本研究同时也严格按照科学的量表开发程序，并征求了多位专家学者的意见，形成了各个构念的测量量表。因此，本研究中各个构念的测量量表具有较高的内容效度。

结构效度（construct validity）是指测量结果对理论构念的反映程度（Churchill，1979）。一般而言，在量表开发的过程中会通过预调研中的探索性因子分析（EFA）与正式调研中的验证性因子分析（CFA）评价构念的结构效度（陈晓萍等，2012）。

在探索性因子分析之前，需要对样本进行适切性检验，即 KMO (Kaiser – Meyer – Olkin Measure of Sampling Adequacy) 值分析和 Bartlett's 球体检验，检验结果将决定探索性因子分析是否适合（Kaiser, 1974；林震岩, 2007）。就这两种检验的标准而言，KMO 值应大于 0.7，而 Bartlett's 球体检验则需要拒绝原假设（刘军, 2008）。如表 4 – 12 所示，将 CICT 分析后保留的所有题项进行适切性检验后的结果可知，KMO 值应大于 0.7，且 Bartlett's 球体检验在 0.000 水平上显著，拒绝原假设，表明比较适合进行探索性因子分析。

表 4 – 12　　　　　　　　因子分析适切性检验结果（N = 84）

KMO		0.830
Bartlett's 球体检验	Approx. Chi – Square	1602.556
	df	351
	Sig	0

本研究利用主成分分析法进行探索性因子分析，采用最大方差法进行因子旋转，而对于探索性因子分析结果，设定的筛选原则为需要满足各个因子特征值大于 1，符合碎石检验，各题项的因子载荷大于 0.5 且不出现交叉现象。此外，聚合的所有因子累计解释变异需要大于 60%。探索性因子分析结果如表 4 – 13 所示，经过主成分分析，所有的测量题项较好地聚合为 6 个因子，且各个因子的特征值均大于 1，6 个因子累积的解释变异为 72.954%，大于 60%。但是，供应链融资绩效的 SFP2 测项出现了跨行现象，且其因子载荷为 0.490，小于 0.5，而其他各个测项的载荷均大于 0.5。因此，本研究将题项 SFP2 予以删除，以进一步对量表予以纯化。

表 4-13　　　　　　　　探索性因子分析结果（N=84）

构念	指标	因子1	因子2	因子3	因子4	因子5	因子6
信息技术应用	IA4	0.851					
	IA1	0.834					
	IA5	0.800					
	IA3	0.795					
	IA2	0.773					
市场响应能力	MRC5		0.804				
	MRC1		0.750				
	MRC4		0.740				
	MRC3		0.706				
	MRC2		0.675				
创新能力	IC2			0.783			
	IC3			0.732			
	IC4			0.729			
	IC5			0.652			
	IC1			0.632			
	SFP2			0.490			
供应链整合	SCI1				0.808		
	SCI3				0.796		
	SCI2				0.780		
	SCI4				0.665		
供应链融资绩效	SFP4					0.881	
	SFP3					0.878	
	SFP1					0.749	
供应链金融方案采用	SCFA2						0.849
	SCFA3						0.794
	SCFA4						0.697
	SCFA5						0.674
特征值		4.150	3.522	3.514	3.264	2.814	2.433
解释变异（%）		15.372	13.043	13.026	12.090	10.423	9.010
累计解释变异（%）		15.372	28.415	41.431	53.521	63.944	72.954

第四节 本章小结

本章首先对本研究中所使用的准复制研究方法进行了详细介绍。本研究采用问卷调查收集数据，本章按照科学严谨的量表开发步骤开发了一份初始量表。包括中小企业能力构念中的创新能力5个题项，市场响应能力5个题项，共10个题项；供应链融资相关构念中的供应链融资方案采用5个题项，供应链融资绩效5个题项，共10个题项；影响中小企业供应链融资的情境因素构念中供应链整合4个题项，信息技术能力5个题项。本章利用初始量表进行了预调研，通过对预调研收集的数据进行探索性因子分析，并基于探索性因子分析结果对初始量表进行了修改与纯化，最终形成了本研究的正式调查问卷（具体见附录二）。正式问卷中创新能力包括5个题项，市场响应能力包括5个题项，供应链融资方案采用包括4个题项，供应链融资绩效包括3个题项，供应链整合包括4个题项，信息技术能力包括5个题项。

第五章

正式调研与假设验证

本章基于第四章形成的调查问卷，在确定调查对象后，对正式调查问卷进行分发与回收。然后，对收集到的数据进行基本分析与检验，包括数据的描述性统计分析、共同方法偏差分析、无反应偏差分析以及信效度检验等。最后，在确保数据质量的基础上，运用多元回归分析对本研究中的各个理论假设进行实证检验。本章主要运用 SPSS 22.0 与 LISREL 8.80 数据处理分析软件对正式调研所获得数据进行分析以及进行相应的理论假设检验。

第一节 正式调研

一 数据收集与描述

（一）样本来源

本研究中的调研对象为通过供应链金融进行融资的中小企业，但由于目前国内供应链金融发展得并不是很成熟，供应链金融实践未得到广泛开展，大多数中小企业还是通过传统的银行借贷等途径获取资金。因此，如何获得满足研究数量要求的样本是本研究面临的一个重要挑战。鉴于此，本研究正式调研的样本选择与数据获取分为两个阶段进行：

第一阶段是通过前期大量的企业调研，在不同的行业中寻找为中小企业提供供应链金融服务的核心企业。2016年12月至2017年12月，我们在京津冀、长三角、珠三角等地区开展了广泛调研，因为这些地区经济发展较为迅速，中小企业众多，聚集在这些地方的企业往往是创新企业实践的开拓者。通过深入调研走访，在北京、潍坊、青岛、杭州、上海、深圳等地区，发现了分属于快消品、家禽养殖、家电、制衣、汽车、通信行业的六家典型开展供应链金融业务的核心企业，为其供应链网络中的中小企业提供融资服务。第二阶段是在第一阶段的基础上，在六家核心企业的协助与支持下，向其提供供应链金融服务的中小企业客户分发问卷。由于我们研究团队是在国内供应链金融知名专家的带领下到企业访谈，各个核心企业也较愿意将其作为案例企业予以研究，因此，在问卷的分发过程中，各核心企业表现出较大的热情予以配合。

此外，如预调研中样本选取标准一致，为了保证所调研的对象均为中小企业，选取样本时严格以工信部2011年颁发的《关于印发中小企业划型标准规定的通知》中对中小企业的识别标准为基础，即需要满足：员工数量2000人以下，年销售额低于3亿元人民币，并且企业所持有的资产低于4亿元人民币。同时，问卷填写者均为企业中与核心企业对接的且负责供应链融资相关业务的主管级人员。按照上述步骤标准，向每个核心企业发放问卷50份，共发放300份，回收286份，将一些漏填较多且具有明显错误的问卷（例如所有问项全部选择一个数值，或有规律的作答等）删除后，最终得到合格问卷248份。有效回收率为82.67%，完全满足研究中可以接受的程度（Fantazy et al., 2009; Zhang et al., 2005）。

（二）样本结构与分析

在对样本数据进行检验之前，本研究对其进行了描述性统计分析，主要包括基于控制变量的样本结构分析以及样本数据的分布形态分析。其中，就样本数据分布形态而言，一般从其均值、标准差、偏度与峰度几个指标予以判断。如果偏度绝对值小于3，且峰度绝对值小于 10，则认为样本数据形态符合正态分布，否则不符合（黄芳铭，2005）。在结构方程中，对样本量的要求标准为：对于符合正态分布的样本数据，要求样本量与题项总数的比例为 5∶1，最少不低于 100；对于不符合正态分布的样本数据，则要求样本量与题项总数的比例至少为 10∶1，最少也不能低于 100（刘军，2008）。

首先，就样本结构分析来看，如表 5 - 1 所示，正式调研数据样本结构分布较为合理。具体为，就运营年限而言，1 年以内的企业占 4.4%，1—2 年的企业占 6.0%，2—5 年的企业占 31.9%，5—10 年的企业占 27.8%，10 年以上的企业占 29.8%；就企业规模而言，员工数量 0—50 人的企业占 71.4%，51—100 人的企业占 12.1%，101—300 人的企业占 3.6%，301—500 人的企业占 1.2%，501—1000 人的企业占 2.0%，1001—2000 人的企业占 9.7%；就年销售额而言，销售额少于 5 百万元的企业占 21.0%，大于等于 5 少于 10 百万元的企业占 21.8%，大于等于 10 少于 20 百万元的企业占 17.3%，大于等于 20 少于 30 百万元的企业占 9.7%，大于等于 30 少于 50 百万元的企业占 8.1%，大于等于 50 少于 150 百万元的企业占 8.9%，大于等于 150 少于 300 百万元的企业占 13.3%；就企业总资产而言，总资产少于 5 百万元的企业占 53.2%，大于等于 5 少于 10 百万元的企业占 17.3%，大于等于 10 少于 30 百万元的企业占 7.7%，大于等于 30 少于 40 百万元的企业占 3.6%，大于等于 40 少于 100 百万元的企业 3.2%，大于等于 100 少于 200 百万元的企业占 2.8%，大于等于 200 少于 400 百万元的企业占 12.1%。

表 5 - 1　　　　正式调研有效样本的分布结构（N = 248）

变量	指标	频数	频率（%）
运营年限	1 年以内	11	4.4
	1—2 年	15	6.0
	2—5 年	79	31.9
	5—10 年	69	27.8
	10 年以上	74	29.8

续表

变量	指标	频数	频率（%）
企业规模（员工人数）	0—50 人	177	71.4
	51—100 人	30	12.1
	101—300 人	9	3.6
	301—500 人	3	1.2
	501—1000 人	5	2.0
	1001—2000 人	24	9.7
年销售额（百万元）	少于 5	52	21.0
	大于等于 5 少于 10	54	21.8
	大于等于 10 少于 20	43	17.3
	大于等于 20 少于 30	24	9.7
	大于等于 30 少于 50	20	8.1
	大于等于 50 少于 150	22	8.9
	大于等于 150 少于 300	33	13.3
总资产（百万元）	少于 5	132	53.2
	大于等于 5 少于 10	43	17.3
	大于等于 10 少于 30	19	7.7
	大于等于 30 少于 40	9	3.6
	大于等于 40 少于 100	8	3.2
	大于等于 100 少于 200	7	2.8
	大于等于 200 少于 400	30	12.1

此外，基于上述标准，从表 5-2 结果可以看出，各指标的偏度与峰度绝对值均小于 3 和 10，表明样本数据符合正态分布，并且本研究中所有构念的测项总数为 26，而最终获得的有效样本数量为 248，符合样本量与题项总数的比例至少为 5∶1 的标准要求，因此可以进一步通过结构方程进行验证性因子分析等检验。

表5-2　　　　　正式调研数据的描述性统计（N=248）

指标	平均值（E）	标准偏差	偏度	峰度
IC1	4.09	1.014	-0.860	-0.033
IC2	4.40	0.798	-1.267	1.546
IC3	4.36	0.823	-1.420	2.143
IC4	4.43	0.822	-1.687	3.236
IC5	4.37	0.810	-1.099	0.378
MRC1	3.98	1.080	-1.018	0.563
MRC2	4.06	1.000	-0.889	0.142
MRC3	3.80	1.101	-0.666	-0.273
MRC4	3.95	1.019	-0.589	-0.522
MRC5	4.12	0.923	-0.835	0.104
SCFA2	3.73	1.415	-0.721	-0.855
SCFA3	3.04	1.528	-0.055	-1.417
SCFA4	4.33	1.097	-1.697	2.099
SCFA5	3.98	1.237	-1.080	0.119
SFP1	3.14	1.353	-0.170	-1.054
SFP3	3.28	1.386	-0.223	-1.149
SFP4	3.27	1.363	-0.219	-1.103
SCI1	3.80	1.179	-0.701	-0.328
SCI2	4.12	1.029	-1.090	0.586
SCI3	4.04	1.060	-0.944	0.220
SCI4	4.13	1.000	-1.037	0.522
IA1	3.71	1.074	-0.537	-0.298
IA2	3.92	1.052	-0.735	-0.147
IA3	4.11	0.931	-0.826	0.061
IA4	3.90	1.043	-0.748	0.007
IA5	3.78	1.074	-0.616	-0.121

二　无反应偏差与同源误差检验

首先，在问卷调研中，无反应偏差（non-response bias）是一个值得重视的问题。在本研究中，我们对数据收集过程中可能存在的无反应偏差问题进行了检验。在学术研究中比较常用的方法是根据 Armstrong 和 Overton（1977）提出的检验程序，判断晚回应者与无回应者是否具有相似的特征。基于此，我们将调查问卷按照收回的时间顺序进行排序，将先后收集的样本分为两等分。然后采用 Anova 分析对比两份样本在经营年限、企业规模、年销售额以及总资产等变量上是否具有显著差异。检验结果显示，t 差值在 0.05 水平上均不显著，由此表明数据不存在无反应偏差问题。

其次，同源误差（common method biases）指的是由测量方法，例如同样数据来源、被试者、测试环境、测试语境等，而非所测构念造成的变异（Podsakoff et al., 2003）。在研究中一般会通过程序控制与统计控制两种方法对其予以解决。具体的统计检验方法包括 Harman 单因素检验、偏相关法、潜在误差变量控制法、多质多法模型、误差的独特性相关模型、直接乘积模型等（周浩、龙立荣，2004）。本研究采用学术研究中较为常用的 Harman 单因素检验方法和潜在误差变量控制法对其进行检验。

就的 Harman 单因素检验方法而言，在将所有变量进行因素分析后，其未旋转的因素分析结果显示（见表 5-3），聚合出 6 个共同因子的累积解释方差变异程度为 68.307%，其中第一个因子的解释方差变异程度为 34.862%，并未超过 60%，即不存在一个解释力特别大的因子，因此表明并不存在同源误差问题。

表 5-3　　　　　　Harman 单因素检验结果（N=248）

组件	初始特征值			提取载荷平方和		
	总计	方差百分比	累积%	总计	方差百分比	累积%
1	9.064	34.862	34.862	9.064	34.862	34.862
2	2.494	9.591	44.453	2.494	9.591	44.453
3	1.791	6.887	51.340	1.791	6.887	51.340
4	1.681	6.467	57.807	1.681	6.467	57.807

续表

组件	初始特征值			提取载荷平方和		
	总计	方差百分比	累积%	总计	方差百分比	累积%
5	1.397	5.373	63.180	1.397	5.373	63.180
6	1.333	5.126	68.307	1.333	5.126	68.307
7	0.767	2.951	71.258			
8	0.717	2.758	74.016			
9	0.660	2.537	76.552			
10	0.620	2.385	78.937			
11	0.578	2.222	81.159			
12	0.500	1.924	83.083			
13	0.470	1.808	84.892			
14	0.442	1.702	86.593			
15	0.429	1.650	88.244			
16	0.407	1.567	89.811			
17	0.351	1.349	91.159			
18	0.338	1.301	92.460			
19	0.329	1.266	93.726			
20	0.285	1.095	94.821			
21	0.275	1.058	95.879			
22	0.250	0.960	96.839			
23	0.238	0.915	97.754			
24	0.206	0.790	98.545			
25	0.196	0.754	99.299			
26	0.182	0.701	100.000			

就潜在误差变量控制法而言，检验结果如表5-4所示，根据侯杰泰等（2004）提出的拟合优度标准，将共同方法偏差因子放入结构方程之后，得到的含有共同方法偏差因子的结构方程模型拟合优度并没有比不含共同方法偏差因子的结构方程模型拟合优度显著变好。因此，我们认为本研究采用的研究方法收集到的样本数据并不存在共同方法偏差。

表 5-4　　　　　潜在误差变量控制法检验结果（N=248）

	χ^2	df	χ^2/df	RMSEA	NFI	CFI	IFI	GFI
不含共同方法因子	433.00	284	1.528	0.046	0.95	0.98	0.98	0.95
含有共同方法因子	412.67	248	1.664	0.066	0.95	0.99	0.98	0.95

第二节　数据检验与验证性因子分析

具有良好的信度与效度的测量工具是保证研究结果科学性与可靠性的关键。本节将对正式调研获得的数据进行信效度检验，并利用验证性因子分析（CFA）对量表的拟合度进行判断，从而保证假设检验中所使用的数据具有较高的质量。

一　信度检验

与预调研分析中所采用的信度检验标准相一致，本研究中对于正式调研获得的数据同样使用 Cronbach's α 系数作为检验量表内部一致性与稳定性的主要指标。对于其判别标准，仍然以 0.7 作为临界值，标准为 Cronbach's α 系数应达到或大于 0.7（Nunnally，1978）。除 Cronbach's α 系数之外，Fornell 和 Larker（1981）提出了一个与内部一致性系数 Cronbach's α 值极其相似的潜变量的组合信度（composite reliability，CR），组合信度反映的是各个潜变量之间的一致性程度，组合信度越大，表明各潜变量之间的差异越小。其计算公式如下：

$$CR = \rho_c = \frac{(\sum \lambda_i)^2}{[(\sum \lambda_i)^2 + \sum \theta_{it}]} \quad (5.1)$$

在式（5.1）中，$(\sum \lambda_i)^2$ 为因素载荷加总后取平方之数值，$\sum \theta_{it}$ 为各观察变量残差方差的总和。就组合信度的标准而言，一般认为，组合信度大于 0.6 即可（邱皓政、林碧芳，2009），表明测量工具在反映真分数时即可获得基本的稳定性。

因此，本研究基于上述 Cronbach's α 系数与组合信度标准对各个构念进行信度检验。检验结果如表 5-5 所示，本研究中创新能力、市场响应能力、供应链融资方案采用、供应链融资绩效、供应链整合与信息技术应用六个构念的内部一致性系数 Cronbach's α 值分别为 0.879、0.857、0.796、0.846、0.878 与 0.888，均满足 Cronbach's α 系数值应该大于 0.7 的标准要求。六个构念的组合信度分别为 0.8821、0.8589、0.8519、0.8500、0.8814 与 0.8875，也都满足组合信度大于 0.6 的标准要求。综上，本研究中创新能力、市场响应能力、供应链融资方案采用、供应链融资绩效、供应链整合与信息技术应用六个构念均具有较好的信度。

表 5-5　　　　　　各构念的信度检验结果（N = 248）

主要构念	Cronbach's α	组合信度（CR）	AVE
创新能力	0.879	0.8821	0.5995
市场响应能力	0.857	0.8589	0.5502
供应链融资方案采用	0.796	0.8519	0.5903
供应链融资绩效	0.846	0.8500	0.6554
供应链整合	0.878	0.8814	0.6511
信息技术应用	0.888	0.8875	0.6125

二　效度检验

如前所述，效度检验主要包括内容效度与结构效度的检验。由于内容效度在数据收集之前已经通过文献阅读予以构建，且通过试测也已经证明其有效性。因此，本研究对于正式调研数据结构效度予以进一步检验。在结构效度检验方面，除预调研中的因子分析之外，Hair 等（2006）学者认为结构效度检验主要包括对聚合效度（convergent validity）与区分效度（discriminant validity）的检验。

聚合效度反映的是一个潜变量能够被一组观察变量有效估计的聚敛程度（Fornell and Larker，1981）。通常可以通过计算一个平均变异萃取量（average variance extracted，AVE）予以判断，其计算公式如下：

$$AVE = \rho_v = \frac{\sum \lambda_i^2}{(\sum \lambda_i)^2 + \sum \theta_{it}} \quad (5.2)$$

在式（5.2）中，$\sum \lambda_i^2$ 为因素载荷平方后加总之数值，$\sum \theta_{it}$ 为各观察变量残差方差的总和。平均变异萃取量的临界值为 0.5，即如果各个潜变量的 AVE 大于 0.5 则表明其聚敛能力十分理想（Hair et al., 2006）。如表 5-5 中的结果所示，本研究中创新能力、市场响应能力、供应链融资方案采用、供应链融资绩效、供应链整合与信息技术应用六个构念的 AVE 值分别为 0.5995、0.5502、0.5903、0.6554、0.6511、0.6125，均满足大于临界值 0.5 的标准要求，表明聚合效度较好，潜变量具有良好的操作型定义化。

区分效度表明的是不同构念之间能够有效分离（Hair et al., 2006）。在验证性因子分析操作中，对于区分效度的检验一般有相关系数区间估计法、竞争模式比较法与平均变异萃取量比较法等。一般而言，学术界通常利用平均变异萃取量比较法对潜变量之间的区辨力予以判别，即比较潜变量的 AVE 值的平方根是否大于其与其他潜变量之间的相关系数（Fornell and Larker, 1981）。

本研究同样采用平均变异萃取量比较法进行潜变量之间的区分效度检验。检验结果如表 5-6 所示，创新能力、市场响应能力、供应链融资方案采用、供应链融资绩效、供应链整合与信息技术应用等任何一个潜变量 AVE 值的平方根均大于其与其他潜变量之间的相关系数，从而表明各个潜变量之间具有良好的区分效度。

三 测量模型拟合度检验

在验证性因子分析中，测量模型的拟合度可以通过多个不同的指数进行检验。最常用的模型检验方式就是卡方检验（χ^2 test），反映的假设模型的导出矩阵与观察矩阵的差异程度。同时还需要考虑

第五章 正式调研与假设验证

表5-6 各构念之间的相关系数及 AVE 平方根（N=248）

序号	构念	平均值	标准差	1	2	3	4	5	6	7	8	9	10
1	经营年限	3.73	1.090	—									
2	员工数量	1.96	2.037	0.407**	—								
3	年销售额	3.54	2.278	0.497**	0.736**	—							
4	总资产	2.64	2.578	0.465**	0.866**	0.793**	—						
5	创新能力	4.3290	0.70335	−0.087	−0.037	0.052	0.017	0.774					
6	市场响应能力	3.9839	0.81865	−0.033	−0.061	−0.072	−0.006	0.581**	0.742				
7	供应链融资方案采用	3.7722	0.96157	−0.141*	−0.170**	−0.142*	−0.125	0.125*	0.154*	0.768			
8	供应链融资绩效	3.2312	1.19542	−0.008	−0.052	−0.028	−0.048	0.260**	0.242**	0.233**	0.810		
9	供应链整合	4.0212	0.91479	−0.065	0.005	−0.046	0.031	0.535**	0.561**	0.115	0.177**	0.807	
10	信息技术应用	3.8831	0.86086	0.066	0.031	0.053	0.087	0.520**	0.579**	0.079	0.270**	0.547**	0.783

注：** 表示在置信度（双尾）为0.01时，相关性是显著的；* 表示在置信度（双尾）为0.05时，相关性是显著的；对角线上黑体的数值为对应构念平均变异萃取量（AVE）的平方根。

自由度大小的影响，因此卡方自由度比（χ^2/df）是一个重要的反映指标。卡方自由度比（χ^2/df）称为正规卡方值，卡方自由度比越小表示模型拟合度越好，一般认为卡方自由度比小于 2 时即表明模型具有较好的拟合度（邱皓政、林碧芳，2009）。

另外，还有绝对拟合指标与相对拟合指标两大类，其中绝对拟合指标主要包括 RMSEA（Root Mean Square Error of Approximation）、GFI（Goodness-of-fit Index）、AGFI（Adjusted GFI）等；相对拟合指标主要包括 NFI（Normed Fit Index）、NNFI（Non-normed Fit Index）、CFI（Comparative Fit Index）、IFI（Incremental Fit Index）等。其中，RMSEA 近年来极为受到重视，因为其他指标大多受到样本大小与观测变量分布的影响，而 RMSEA 则不受这些因素的局限。McDonald 与 Ho（2002）建议 RMSEA 小于 0.5 表明模型拟合良好，0.8 为可接受的拟合门槛；对于其他指标应大于 0.9，且越接近于 1 越好（邱皓政、林碧芳，2009）。

此外，在验证性因子分析中除上述各个指标能够反映模型的拟合度之外，各个测量题项的因素载荷大小也能够体现其对潜变量的反应能力。如果各个测量题项的因素载荷越大，表示其反映潜变量的能力越强。当标准化的载荷大于 0.71 时，表明该要素可以解释观察变量 50% 的变异，是非常理想的状态；当载荷大于 0.63 时，可以解释观察变量 40% 的变异，是非常好的状态；而当载荷小于 0.32 时，该要素仅可以解释观察变量不到 10% 的变异，是非常不理想的状态（邱皓政、林碧芳，2009）。一般而言，受限于测量本质的特征，学者们大多采用 Tabachnica 和 Fidell（2007）所建议的标准，即因素载荷大于 0.55，不需要坚守 0.71 的标准值。

基于上述模型拟合度检验指标，本研究对测量模型拟合度检验结果如表 5-7 所示，测量模型的卡方自由度比（χ^2/df）为 1.528 小于 2，由此表明模型具有较好的拟合度；RMSEA 值为 0.046，小于 0.5 的临界值，表明模型拟合良好；GFI、NFI、NNFI、CFI、IFI 等绝对拟合指数与相对拟合指数均大于 0.95，同样表明测量模型具有较好的拟合度。如图 5-1 所示，各个测量指标的因素载荷均大于 0.55，表明各个测量题项对潜变量均具有较强的反映能力。综上，本研究的测量模型较为理想，可以继续进行下一步的研究。

表 5-7　　　　　　　　测量模型的拟合指标（N=248）

指标	χ^2	df	χ^2/df	RMSEA	NFI	NNFI	CFI	IFI	GFI
测量模型	433.99	284	1.528	0.046	0.95	0.98	0.98	0.98	0.95

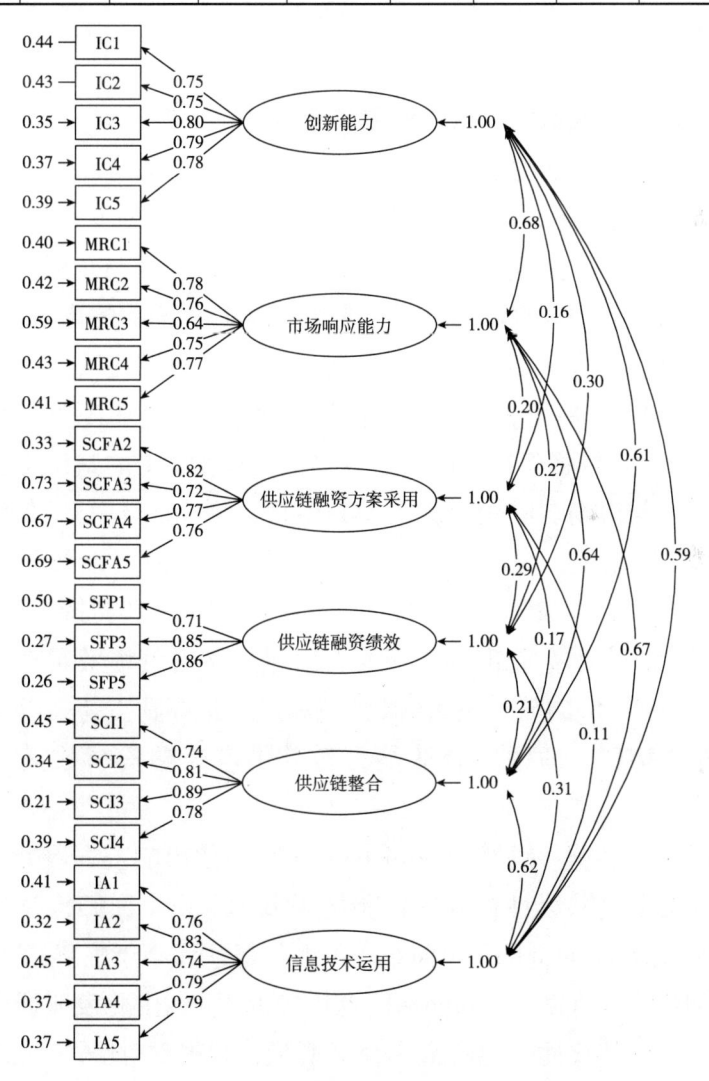

图 5-1　验证性因子分析结果（N=248）

第三节　研究假设检验结果

在对正式调研进行的数据进行信效度检验以及验证性因子分析的基础之上，将通过多元回归分析对第三章所提出的理论假设进行实证检验。

一　中小企业能力与供应链融资绩效

对于中小企业能力对供应链融资绩效的直接影响，本书以多元回归的方式，通过构建3个回归模型予以检验。具体步骤为，首先，将企业经营年限、企业规模（员工数量）、年销售额与总资产等控制变量放入回归方程，看其对结果变量供应链融资绩效的影响；其次，将中小企业能力进一步放进回归方程，看其对结果变量的影响。检验结果如表5-8所示，在只包含企业经营年限、企业规模（员工数量）、年销售额与总资产等控制变量的回归模型 M1 的基础上，分别将创新能力与市场响应能力放入回归模型得到 M2 与 M3。其中，模型 M2 的结果显示，中小企业创新能力对供应链融资绩效具有显著的正向影响（$\beta=0.268$，$p<0.001$），假设 H1a 得到支持；模型 M3 的结果显示，中小企业市场响应能力对供应链融资绩效具有显著的正向影响（$\beta=0.246$，$p<0.001$），假设 H1b 得到支持；综上，假设 H1 得到验证，即中小企业能力对其供应链融资绩效具有积极作用。

为了排除多重共线性（multicollinearity）的影响，本研究同时进行了相应的多重共线性检验。检验结果显示，三个回归模型的方差膨胀因子（variance inflation factor，VIF）都远远小于临界值10，且作为其倒数的容许度（tolerance）也均接近于1，由此表明研究结果并未受到多重共线性问题的影响（吴明隆，2010）。此外，三个回归模型的自相关检验结果 DW 值分别为 2.017、2.031 与 2.028，均接近于2,且介于1.5和2之间,说明回归模型并不存在序列相关问题(吴明隆,2010)。因此,表明本研究的上述实证检验结果具有科学性与可靠性。

二 供应链融资方案采用的中介作用检验

本部分同样采用多元回归的方式,首先对中小企业能力影响供应链融资方案采用的理论假设予以检验,然后对供应链融资方案采用在中小企业能力与供应链融资绩效之间的中介作用进行检验。

(一) 中小企业能力对供应链融资方案采用的影响

检验结果如表5-8所示,以供应链融资方案采用为结果变量,分别将中小企业创新能力与市场响应能力放入回归模型得到M4与M5。其中,模型M4的结果显示,中小企业创新能力对供应链融资方案采用具有显著的正向影响 ($\beta = 0.112$, $p < 0.05$),假设H2a得到支持;模型M4的结果显示,中小企业市场响应能力对供应链融资方案采用具有显著的正向影响 ($\beta = 0.136$, $p < 0.05$),假设H2b得到支持;综上,假设H2得到验证,即中小企业能力对其供应链融资方案采用具有积极作用。

表5-8　　　　　主效应与中介效应检验结果 (N = 248)

变量	SFP M1	SFP M2	SFP M3	SCFA M4	SCFA M5	SFP M6	SFP M7	SFP M8
PERI	0.014	0.054	0.017	-0.079	-0.094	0.036	0.070	0.036
EMPL	-0.047	0.018	0.001	-0.210	-0.210*	0.009	0.061	0.044
SALE	0.029	-0.022	0.066	-0.074	-0.032	0.041	-0.006	0.072
ASSET	-0.036	-0.075	-0.107	0.151	0.128	-0.076	-0.107	-0.133
IC		0.268***		0.112*			0.244***	
MRC			0.246***		0.136*			0.218**
SCFA						0.236***	0.209**	0.206**

续表

变量	SFP	SFP	SFP	SCFA	SCFA	SFP	SFP	SFP
	M1	M2	M3	M4	M5	M6	M7	M8
R^2	0.003	0.072	0.063	0.053	0.059	0.057	0.114	0.103
F 值	0.199	3.782**	3.232**	2.684*	3.016*	2.917*	5.159***	4.589***
DW 值	2.017	2.031	2.028	1.892	1.927	1.974	1.993	1.978

注：系数为标准化的值，R^2 为未调整的值；*** 表示 $P<0.001$，** 表示 $P<0.01$，* 表示 $P<0.05$；PERI 代表运营年限，EMPL 代表员工数量，SALE 代表年销售额，ASSET 代表总资产（下同）。

为了排除多重共线性的影响，本研究同时进行了相应的多重共线性检验。检验结果显示，两个回归模型的方差膨胀因子都远远小于临界值 10，且作为其倒数的容许度也均接近于 1，由此表明研究结果并未受到多重共线性问题的影响（吴明隆，2010）。此外，两个回归模型的自相关检验结果 DW 值分别为 1.892 与 1.927，均接近于 2，且介于 1.5 和 2 之间，说明回归模型并不存在序列相关问题（吴明隆，2010）。因此，表明本研究的上述实证检验结果具有科学性与可靠性。

（二）供应链融资方案采用的中介作用

中介作用反映了一条因果链，首先是自变量会影响中介变量，然后中介变量又会导致结果变量的变化，即自变量 X 可以通过一个中介变量 M 对结果变量 Y 产生影响。一般而言，中介作用可以分为完全中介（full mediation）与部分中介（partial mediation）两类（陈晓萍等，2012）。其中，完全中介是 X 对 Y 的影响完全通过 M，没有 M，X 就不会对 Y 产生影响；而部分中介是 X 对 Y 的影响一部分是直接产生作用的，一部分是通过 M 产生作用。就中介作用的检验方法而言，Baron 与 Kenny（1986）提出的三部曲是目前研究者使用最多的一种方法。具体程序为：第一，自变量显著影响结果变量，其系数应显著不等于零；第二，自变量显著影响中介变量，其系数应显著不等于零；第三，控制中介变量，判断自变量对结果变量的影响，如果自变量对结果变量的影响系数变为0，且中介变量对结果变量的影响显著，则为完全中介；如果自变量对结果变量的影响系数显著减小，且中介变量对结果变量的影响显著，则为部分中介。此外，对于中介效应的显著性可以通过Sobel检验予以识别，其计算公式如下：

$$Z = \frac{B_i C_i}{\sqrt{S_{B_i}^2 S_{C_i}^2 + B_i^2 S_{C_i}^2 + C_i^2 S_{B_i}^2}} \qquad (5.3)$$

在式（5.3）中，B_i和C_i分别代表自变量对中介变量以及中介变量对结果变量的影响系数，S_{B_i}与S_{C_i}分别代表B_i和C_i的标准误。基于上述步骤，本研究对供应链融资方案采用的中介作用进行检验。

其一，如表5-8所示，模型M2结果显示，自变量中小企业创新能力对结果变量中小企业供应链融资绩效影响显著，且其系数显著不等于零（$\beta=0.268$，$p<0.001$）；模型M4结果显示，自变量中小企业创新能力对中介变量供应链融资方案采用影响显著，且其系数显著不等于零（$\beta=0.112$，$p<0.05$）；模型M6结果显示，中介变量供应链融资方案采用显著影响结果变量供应链融资绩效（$\beta=0.236$，$p<0.001$）；模型M7的结果显示，在控制中介变量供应链融资方案采用后，自变量中小企业创新能力对结果变量供应链融资绩效的影响显著减小（$\beta=0.244$，$p<0.001$），且中介变量供应链融资方案采用对结果变量供应链融资绩效的影响显著（$\beta=0.209$，$p<0.01$）。因此，供应链融资方案采用在中小企业创新能力与供应链融资绩效之间具有部分中介作用。此外，通过Sobel检验发现，供应链融资方案采用在中小企业创新能力与供应链融资绩效之间具有部分中介作用显著（$Z=4.235$，$p<0.001$）。综上，假设H3a得到支持。

其二，如表5-8所示，模型M3结果显示，自变量中小企业市场响应能力对结果变量中小企业供应链融资绩效影响显著，且其系数显著不等于零（$\beta=0.246$，$p<0.001$）；模型M5结果显示，自变量中小企业市场响应能力对中介变量供应链融资方案采用影响显著，

且其系数显著不等于零（$\beta = 0.136$，$p < 0.05$）；模型 M6 结果显示，中介变量供应链融资方案采用显著影响结果变量供应链融资绩效（$\beta = 0.236$，$p < 0.001$）；模型 M8 的结果显示，在控制中介变量供应链融资方案采用后，自变量中小企业市场响应能力对结果变量供应链融资绩效的影响显著减小（$\beta = 0.218$，$p < 0.001$），且中介变量供应链融资方案采用对结果变量供应链融资绩效的影响显著（$\beta = 0.206$，$p < 0.01$）。因此，供应链融资方案采用在中小企业市场响应能力与供应链融资绩效之间具有部分中介作用。此外，通过 Sobel 检验发现，供应链融资方案采用在中小企业市场响应能力与供应链融资绩效之间具有部分中介作用显著（$Z = 5.664$，$p < 0.001$）。综上，假设 H3b 得到支持。

由假设 H3a 与 H3b 的验证结果可以，假设 H3 得到验证，即供应链融资方案采用在中小企业能力与供应链融资绩效之间具有中介作用。此外，为了排除多重共线性的影响，本研究同时进行了相应的多重共线性检验。检验结果显示，上述回归模型的方差膨胀因子都远远小于临界值 10，且作为其倒数的容许度也均接近于 1，由此表明研究结果并未受到多重共线性问题的影响（吴明隆，2010）。此外，在回归模型 M1、M2、M3、M4 与 M5 不存在序列相关问题的同时，回归模型 M6、M7、M8 的自相关检验结果 DW 值分别为 1.974、1.993 与 1.978，均接近于 2，且介于 1.5 和 2 之间，说明回归模型并不存在序列相关问题（吴明隆，2010）。因此，表明本研究的上述实证检验结果具有科学性与可靠性。

三 供应链整合的调节作用检验

在研究中，调节作用是指变量 X 对变量 Y 的影响受到第三个变量 Z 的影响，Z 便是调节变量。调节变量的主要作用是为现有的理论划定限制条件与适用范围，使理论对变量间的关系解释更为细致（陈晓萍等，2012）。检验调节作用最为普遍的方法便是多元调节回归分析（moderated multiple regression，MMR）。运用多元调节回归分析检验调节作用的一个重要程序就是把自变量和调节变量进行中心化处理,即用变量值减去样本均值,从而减少回归方程中可能存在的变量间多重共线性问题 (Aiken and West, 1991)。具体而言,调节作用的检验步骤为:第一,对连续变量(自变量与调节变量)进行中心化处理;第二,构造乘积项,即把中心化后的自变量与调节变量予以相乘;第三,构造逐步回归方程,主要包括三个回归方程,自变量对结果变量的回归、自变量与调节变量对结果变量的回归、自变量、调节变量以及乘积项对结果变量的回归。对调节效应的判别主要看乘积项的系数是否显著,如果显著,则表明调节效应存在。此外,还可以通过 R^2 检验,如果 $\triangle R^2$ 显著(服从 F 分布),也可以证明调节效应存在(陈晓萍等,2012)。基于此,本研究对供应链整合与信息技术应用的调节作用予以检验。

供应链整合的调节作用检验主要包括两部分:一是供应链整合对中小企业能力(创新能力与市场响应能力)与供应链融资方案采用之间关系的调节作用检验;二是供应链整合对供应链融资方案采用与供应链融资绩效之间关系的调节作用检验。

就供应链整合对中小企业创新能力与供应链融资方案采用之间关系的调节作用而言,如表 5-9 所示,首先对中小企业创新能力与供应链整合进行中心化处理,为了与原变量相区分并在中心化处理后的变量前加"Z",并构建中小企业创新能力与供应链整合的乘积项。在此基础上,通过构建 M9、M10 与 M11 三个逐步回归方程对调节效应检验。模型 M9 结果显示,中小企业创新能力对供应链融资方案采用具有显著的正向影响($\beta = 0.112$, $p < 0.05$);在加入调节变量供应链整合后,模型 M10 的结果显示,中小企业创新能力与供应链整合对供应链融资方案采用的影响均不显著,模型 M10 的解释能力也未得到显著增强($\triangle R^2$ 不显著);在加入中小企业创新能力与供应链整合的乘积项后,模型 M11 的结果显示,乘积项对供应链融资方案采用的影响系数并不显著,模型 M11 的解释能力也并未得到显著增强($\triangle R^2$ 不显著)。因此,假设 H4a 未得到支持。

表 5-9　　　　　供应链整合的调节效应检验结果 （N = 248）

变量	SCFA M9	SCFA M10	SCFA M11	SCFA M12	SCFA M13	SCFA M14	SFP M15	SFP M16	SFP M17
PERI	-0.079	-0.080	-0.080	-0.094	-0.092	-0.092	0.036	0.047	0.050
EMPL	-0.210	-0.215*	-0.214*	-0.210*	-0.213*	-0.209	0.009	0.014	0.010
SALE	-0.074	-0.057	-0.060	-0.032	-0.029	-0.023	0.041	0.066	0.052
ASSET	0.151	0.141	0.142	0.128	0.124	0.116	-0.076	-0.112	-0.087
ZIC	0.112*	0.077	0.072						
ZMRC				0.136*	0.113	0.117			
ZSCFA							0.236***	0.219**	0.243***
ZSCI		0.063	0.059		0.042	0.058		0.162*	0.168**
ZIC * ZSCI			-0.021						
ZMRC * ZSCI						0.050			
ZSCFA * ZSCI									0.141*
R^2	0.053	0.055	0.056	0.059	0.060	0.062	0.057	0.082	0.101
$\triangle R^2$	0.053	0.003	0.001	0.059	0.001	0.002	0.057	0.025	0.019
F 值	2.684*	2.349	2.019	3.016*	2.556	2.265	2.917*	3.595*	3.856*
DW	1.901	1.947	1.948						

就供应链整合对中小企业市场响应与供应链融资方案采用之间关系的调节作用而言，如表 5-9 所示，首先对中小企业市场响应能力与供应链整合进行中心化处理，为了与原变量相区分并在中心化处理后的变量前加 "Z"，并构建中小企业市场响应能力与供应链整合的乘积项。在此基础上，通过构建 M12、M13 与 M14 三个逐步回归方程对调节效应检验。模型 M12 结果显示，中小企业市场响应能力对供应链融资方案采用具有显著的正向影响（$\beta = 0.136$，$p < 0.05$）；在加入调节变量供应链整合后，模型 M13 的结果显示，中小企业市场响应能力与供应链整合对供应链融资方案采用的影响均不显著，模型 M13 的解释能力也未得到显著增强（$\triangle R^2$ 不显著）；在加入中小企业市场响应能力与供应链整合的乘积项后，模型 M14 的结果显示，乘积项对供应链融资方案采用的影响系数并不显著，

模型 M14 的解释能力也并未得到显著增强（$\triangle R^2$ 不显著）。因此，假设 H4b 未得到支持。

综上所述，结合假设 H4a 与 H4b 的检验结果，假设 H4 未得到验证，即供应链整合在中小企业能力与供应链融资方案采用之间并不具有积极的调节作用。

就供应链整合对供应链融资方案采用与供应链融资绩效之间关系的调节作用而言，如表 5-9 所示，首先对供应链融资方案采用与供应链整合进行中心化处理，为了与原变量相区分并在中心化处理后的变量前加"Z"，并构建供应链整合与供应链融资方案采用的乘积项。在此基础上，通过构建 M15、M16 与 M17 三个逐步回归方程对调节效应检验。模型 M15 结果显示，供应链融资方案采用对供应链融资绩效具有显著的正向影响（$\beta = 0.236$，$p < 0.001$）；在加入调节变量供应链整合后，模型 M16 的结果显示，供应链方案采用与供应链整合对供应链融资方案采用均具有显著的正向影响（$\beta_{供应链融资方案采用} = 0.219$，$p < 0.01$；$\beta_{供应链整合} = 0.162$，$p < 0.05$），模型 M16 的解释能力也得到显著增强（$\triangle R^2 = 0.025$，服从 F 分布）；在加入供应链整合与供应链融资方案采用的乘积项后，模型 M17 的结果显示，乘积项对供应链融资绩效具有显著的正向影响（$\beta = 0.141$，$p < 0.05$），并且模型 M17 的解释能力也得到显著增强（$\triangle R^2 = 0.019$，服从 F 分布）。因此，假设 H5 得到支持，即供应链整合在中小企业供应链融资方案采用与供应链融资绩效之间具有积极的调节作用。

四 信息技术应用的调节作用检验

信息技术应用的调节作用检验主要包括两部分：一是信息技术应用对中小企业能力（创新能力与市场响应能力）与供应链融资方案采用之间关系的调节作用检验；二是信息技术应用对供应链融资方案采用与供应链融资绩效之间关系的调节作用检验。

就信息技术应用对中小企业创新能力与供应链融资方案采用之

间关系的调节作用而言,如表 5-10 所示,首先对中小企业创新能力与信息技术应用进行中心化处理,为了与原变量相区分并在中心化处理后的变量前加"Z",并构建中小企业创新能力与信息技术应用的乘积项。在此基础上,通过构建 M18、M19 与 M20 三个逐步回归方程对调节效应检验。模型 M18 结果显示,中小企业创新能力对供应链融资方案采用具有显著的正向影响($\beta = 0.112$,$p < 0.05$);在加入调节变量信息技术应用后,模型 M19 的结果显示,中小企业创新能力与信息技术应用对供应链融资方案采用的影响均不显著,模型 M19 的解释能力也未得到显著增强($\triangle R^2$ 不显著);在加入中小企业创新能力与信息技术应用的乘积项后,模型 M20 的结果显示,乘积项对供应链融资方案采用的影响系数并不显著,模型 M20 的解释能力也并未得到显著增强($\triangle R^2$ 不显著)。因此,假设 H6a 未得到支持。

表 5-10　　　　信息技术应用的调节效应检验结果(N=248)

变量	SCFA M18	SCFA M19	SCFA M20	SCFA M21	SCFA M22	SCFA M23	SFP M24	SFP M25	SFP M26
PERI	-0.079	-0.083	-0.084	-0.094	-0.095	-0.097	0.036	0.024	0.024
EMPL	-0.210	-0.208*	-0.209	-0.210*	-0.210	-0.212*	0.009	0.048	0.012
SALE	-0.074	-0.069	-0.069	-0.032	-0.032	-0.030	0.041	0.049	0.065
ASSET	0.151	0.145	0.145	0.128	0.127	0.127	-0.076	-0.135	-0.107
ZIC	0.112*	0.094	0.104						
ZMRC				0.136*	0.133*	0.137*			
ZSCFA							0.236***	0.214**	0.241***
ZIA		0.033	0.034		0.006	0.008		0.259***	0.265***
ZIC * ZIA			0.023						
ZMRC * ZIA						0.019			
ZSCFA * ZIA									0.139*
R^2	0.053	0.053	0.054	0.059	0.059	0.050	0.057	0.122	0.140
$\triangle R^2$	0.053	0.001	0.001	0.059	0.000	0.000	0.057	0.065	0.018
F 值	2.684*	2.263	1.948	3.016*	2.504	2.150	2.917*	5.589***	5.587***
DW		1.901			1.929			2.032	

就信息技术应用对中小企业市场响应与供应链融资方案采用之间关系的调节作用而言,如表 5-10 所示,首先对中小企业市场响应能力与信息技术应用进行中心化处理,为了与原变量相区分并在中心化处理后的变量前加"Z",并构建中小企业市场响应能力与信息技术应用的乘积项。在此基础上,通过构建 M21、M22 与 M23 三个逐步回归方程对调节效应检验。模型 M21 结果显示,中小企业市场响应能力对供应链融资方案采用具有显著的正向影响($\beta = 0.136$,$p < 0.05$);在加入调节变量信息技术应用后,模型 M22 的结果显示,中小企业市场响应能力与信息技术应用对供应链融资方案采用的影响均不显著,模型 M22 的解释能力也未得到显著增强($\triangle R^2$ 不显著);在加入中小企业市场响应能力与信息技术应用的乘积项后,模型 M23 的结果显示,乘积项对供应链融资方案采用的影响系数并不显著,模型 M23 的解释能力也并未得到显著增强($\triangle R^2$ 不显著)。因此,假设 H6b 未得到支持。

综上所述,结合假设 H6a 与 H6b 的检验结果,假设 H6 未得到验证,即信息技术应用在中小企业能力与供应链融资方案采用之间并不具有积极的调节作用。

就信息技术应用对供应链融资方案采用与供应链融资绩效之间关系的调节作用而言,如表 5-10 所示,首先对供应链融资方案采用与信息技术应用进行中心化处理,为了与原变量相区分并在中心化处理后的变量前加"Z",并构建信息技术应用与供应链融资方案采用的乘积项。在此基础上,通过构建 M24、M25 与 M26 三个逐步回归方程对调节效应检验。模型 M24 结果显示,供应链融资方案采用对供应链融资绩效具有显著的正向影响($\beta = 0.236$,$p < 0.001$);在加入调节变量信息技术应用后,模型 M25 的结果显示,供应链方案采用与信息技术应用对供应链融资方案采用均具有显著的正向影响($\beta_{供应链融资方案采用} = 0.214$,$p < 0.01$;$\beta_{信息技术应用} = 0.259$,$p < 0.001$),模型 M25 的解释能力也得到显著增强($\triangle R^2 = 0.065$,服从 F 分布);在加入信息技术应用与供应链融资方案采用的乘积项

后，模型 M26 的结果显示，乘积项对供应链融资绩效具有显著的正向影响（$\beta = 0.139$，$p < 0.05$），并且模型 M26 的解释能力也得到显著增强（$\triangle R^2 = 0.018$，服从 F 分布）。因此，假设 H7 得到支持，即信息技术应用在中小企业供应链融资方案采用与供应链融资绩效之间具有积极的调节作用。

第四节　本章小结

在第四章形成的正式调查问卷基础之上，本章通过前期大量的企业调研，在北京、潍坊、青岛、杭州、上海、深圳等地区发现了六家典型开展供应链金融业务的核心企业，在六家核心企业的协助与支持下，本章进行了正式调查问卷的发放和数据收集。本研究共发放 300 份，回收 286 份，其中合格问卷 248 份，有效回收率为 82.67%。

之后，本章对正式收集的数据进行了描述性统计分析，主要包括基于控制变量的样本结构分析以及样本数据的分布形态分析。同时，为了保证数据收集过程的科学严谨，对数据进行了无反应偏差与同源误差检验，检验结果表明数据不存在无反应偏差与同源误差问题。

在对理论假设进行检验之前，本章首先对样本数据进行了质量检验以及模型拟合度分析，其中质量检验主要是信效度检验。信效度检验结果表明，本研究中样本调研所得到的数据具有较高的质量。此外，各个测量模型的拟合度指标也均较好，完全满足拟合度所要求的标准要求，从而表明测量模型比较理想。因此，对于问卷调查所得到的数据可以作进一步研究。

在对正式调研数据进行上述基本分析的基础上，本章对第三章提出的理论假设进行了实证检验。鉴于本研究中涉及的构念较多，为了清晰表明各个构念之间的关系，本研究主要利用多元回归分析方法进行理论假设检验，主要包括：中小企业能力（创新能力与市场响应能力）对供应链融资绩效的直接效应检验，中小企业能力通过供应链融资方案采用对供应链融资绩效的中介效应检验，以及供应链整合与信息技术应用对中小企业能力与供应链融资方案采用之间关系的调节作用、对供应链融资方案采用与供应链融资绩效之间关系的调节作用检验。本研究实证检验结果现实（如表 5-11 所示），除假设 H4 与 H6 之外，本研究中的其他所有理论假设均得到验证。

表 5-11　　　　　　　　本研究的理论假设汇总

假设描述	检验结果
H1：中小企业能力对其供应链融资绩效具有积极作用	支持
H1a：中小企业创新能力对其供应链融资绩效具有积极作用	支持
H1b：中小企业市场响应能力对其供应链融资绩效具有积极作用	支持
H2：中小企业能力对其供应链融资方案采用具有积极作用	支持
H2a：中小企业创新能力对其供应链融资方案采用具有积极作用	支持
H2b：中小企业市场响应能力对其供应链融资方案采用具有积极作用	支持
H3：供应链融资方案采用在中小企业能力与供应链融资绩效之间具有中介作用	支持
H3a：供应链融资方案采用在中小企业创新能力与供应链融资绩效之间具有中介作用	支持
H3b：供应链融资方案采用在中小企业市场响应能力与供应链融资绩效之间具有中介作用	支持
H4：供应链整合在中小企业能力与供应链融资方案采用之间具有积极的调节作用	不支持
H4a：供应链整合在中小企业创新能力与供应链融资方案采用之间具有积极调节作用	不支持
H4b：供应链整合在中小企业市场响应能力与供应链融资方案采用之间具有积极调节作用	不支持
H5：供应链整合在中小企业供应链融资方案采用与供应链融资绩效之间具有积极调节作用	支持

续表

假设描述	检验结果
H6：信息技术应用在中小企业能力与供应链融资方案采用之间具有积极调节作用	不支持
H6a：信息技术应用在中小企业创新能力与供应链融资方案采用之间具有积极调节作用	不支持
H6b：信息技术应用在中小企业市场响应能力与供应链融资方案采用之间具有积极调节作用	不支持
H7：信息技术应用在中小企业供应链融资方案采用与供应链融资绩效之间具有积极调节作用	支持

第 六 章
模糊集定性比较分析

本章主要是利用模糊集定性比较分析方法进行准复制研究。在对模糊集定性比较分析进行介绍的基础上，将对问卷调研所收集到的数据进行校验处理，使其转化为定性比较分析能够使用的标准数据。然后，分别将供应链融资解决方案采用与供应链融资绩效作为结果变量进行模糊集定性比较分析，在为实证检验结果提供佐证的基础之上，从而保证本研究结果的稳健性与可靠性。

第一节 模糊集定性比较分析方法的适用性

随着系统科学的出现与发展，系统化比较成为所有实验科学与自然科学中最为关键的一个步骤。管理学中的研究逻辑也并不局限在简单的线性逻辑，而是逐渐过渡到全局逻辑，更加关注能够解决存在多维度、多变量等复杂问题的构型研究（龚丽敏等，2014；张驰等，2017）。基于整体论，从 20 世纪 80 年代末 90 年代初开始，定性比较分析（QCA）就被广泛地应用于政治学和历史社会学等研究，并在其中得到不断发展。这一方法由美国社会学家 Ragin（1987）首先提出，QCA 是案例导向的，其认为案例是所有相关前因条件所构成的整体，因此非常重视条件构型（configuration）与因果关系复杂性，是利用布尔代数算法探索产生某一种结果的充分条件、必要条件以及多种条件组合中的最佳情况（Fiss，2009；Ragin，2000）。

具体而言，QCA 技术要求把每个案例分解为一系列特征，包括一定数量的条件变量和结果变量，从而每个案例被定义为一系列特征的组合。QCA 关注跨案例的"并发因果关系"，这意味着要素的不同组合可能产生同样的结果，即"多重并发因果关系"。换言之，不同的因果"路径"都可能引起相同的结果。"多重"是指路径的数量，"并发"则表明每条路径都是由不同条件的组合所构成的。因为 QCA 方法认为因果关系是依赖于特定情境和构型的，所以 QCA 方法否定任何形式的恒定因果关系（Ragin，1987）。因此，QCA 方法打破了主流统计方法中的核心假设，在 QCA 方法中不存在恒定不变的因果关系、因果效应的一致性假设被打破、分析单位不具备同质性、可加性假设被打破以及不再假设因果关系的对称性（杜运周、李永发，2017）。在 QCA 方法中只存在两个关键规律，即"必要性"和"充分性"。

综上，QCA 既是一种研究方法，也是一套分析工具，在方法上兼顾了"组态比较"和"集合论"。它将社会现象看作属性的复杂组合，并依照集合关系将它们概念化。这种方法也能够弥补传统定性研究基于对个案的归纳所得结论欠缺普适性的短板（宋华、卢强，2017a）。早期，QCA 更多地被用在小样本的跨案例比较分析中。近年来，随着 QCA 方法的发展与成熟，其在处理大样本以及解决更为复杂的问题方面受到管理学者的关注（杜运周、李永发，2017），并且在战略类型（Fiss，2011）、公司治理和制度响应（Crilly et al.，2012）等领域有着广泛应用。此外，QCA 方法的具体应用包括数据总结、检验数据的一致性、检验假设或已有理论、快速检验研究者的构想以及发展新的理论论断等五个方面（杜运周、李永发，2017）。在具体研究中，研究者可以根据数据类型不同使用 QCA 方法的不同技术，主要针对二分数据（例如 0/1）清晰集定性比较分析（csQCA）、针对定类（例如婚姻状况有未婚、已婚、离婚等）或定序（例如低/中/高）等数据的多值集定性比较分析（mvQCA）以及针对连续变量（如李克特量表）数据的模糊集定性比较分析（fsQCA）。鉴于本研究中的数据为连续大样本数据，所以本研究将具体使用模糊集定量比较分析作为本研究中进行准复制研究的一个分析技术。此外，如前所示，本研究情境中的供应链金融目前还是一个较新的研究领域，通过模糊集定性比较分析能够进一步通过构型的形式对各个变量之间的关系进行系统分析，从而能够丰富与拓展实证检验的结果。本研究中进行模糊集比较分析所使用的软件是fsQCA 2.0。

第二节　数据校准

由于集结了集合隶属的类别（kind）和程度（degree），模糊集同时拥有定量和定性的属性。在csQCA中，每个案例被二分到一个隶属上去："1"（隶属于集合）或者"0"（不隶属于该集合）。而模糊集延伸了清晰集，通过允许集合分数的刻度化，允许"0"和"1"之间的部分隶属分数，因此存在部分隶属。此外，模糊集隶属分数不是简单地比较案例的相对位置，同时评估在"完全隶属"与"完全不隶属"间的隶属状态。因此，模糊集可以被视作一个连续变量（杜运周、李永发，2017），它被校准（carlibration）以指代在一个界定清晰的集合中的隶属程度，这种校准需要给予理论和实际知识，相应地需要设定三个转折点（breakpoints）：完全隶属、完全不隶属和交叉点（Ragin，2007）。校准后的数据获得的隶属程度被称作成员身份度（membership score），通过校准将原始数据转化为完全隶属于某一成员身份（full membership）、完全隶属于某一非成员身份（full non-membership）以及半隶属于某一成员身份（cross-over point）的程度指标。

模糊集包括三值模糊集、四值模糊集、六值模糊集和连续模糊集等多种形式。其中，连续模糊集可以取 0 到 1 之间的任何值。如前所述，连续模糊集校准时也需要使用两个定性的状态（完全隶属与完全不隶属）以及交叉点。在采用量表的研究中，量表中的刻度本身为数据校准提供了参考与依据（杜运周、贾良定，2017）。在 5 刻度李克特量表中，如果从"1"到"5"分别代表从"低"到"高"的程度，那么刻度"1"就可以被编码为"完全不隶属"的校准值，而刻度"5"则可以被视作"完全隶属"的校准值（Fiss，2011）。对于"半隶属"状态，不同学者根据其研究选择会有所差异，均值（Fiss，2011）与中位数（Loughran and Ritter，2004；Bell et al.，2014）均可以根据研究情况作为"半隶属"的校准值。

基于此，本研究在进行模糊集定性比较分析之前先对样本数据进行校准处理。首先，由于本研究每个构念由多个题项予以测量，因此，我们将各个测项求均值作为各个构念的反映值；其次，为各个构念的平均值形成的新变量指定数据校准值，使不同的校准值分别对应 0.95、0.5、0.05 三个成员身份度（Ragin，2006）。本研究测量量表中对各个变量的测量采用的是 5 刻度李克特量表，"1"到"5"分别代表从"完全不同意"到"完全同意"的程度。但是，在对各个构念求平均值处理之后，各个构念的取值范围发生了变化（如表 6-1 所示），其中创新能力与市场响应能力的最小值变为 2.00 与 1.60。鉴于此，与以往研究做法相一致，我们以求均值后变量的最大值与最小值分别作为"完全隶属"与"完全不隶属"身份度的校准值。就"半隶属"身份度的校准值而言（如表 6-1 所示），我们对各个构念的均值与中位数进行了比较，通过比较发现，各个构念的均值与中位数差异并不是很大，因此，采用均值作为"半隶属"身份度的校准值不会导致数据形态发生较大改变[①]，从而不会对研究结果造成严重影响。鉴于此，本研究借鉴 Loughran 和

[①] 数据形态发生改变是指校准后"偏隶属"或者"偏不隶属"的数据较多，使得校准后的数据不符合正态分布，从而影响分析结果的准确性。

Ritter（2004）、Bell 等（2014）以及宋华、卢强（2017a）的做法，以各个构念的均值作为"半隶属"成员身份度的校准值，数据的具体校准值设定如表 6-2 所示。

表 6-1　　　　　　　　各个构念的数据描述

构念	最小值	最大值	平均值	中位数
SFP	1.00	5.00	3.23	3.33
SCFA	1.00	5.00	3.77	4.00
IC	2.00	5.00	4.33	4.40
MRC	1.60	5.00	3.98	4.00
SCI	1.00	5.00	4.02	4.00
IA	1.00	5.00	3.88	4.00

注：SFP 代表供应链绩效；SCFA 代表供应链融资方案采用；IC 代表企业创新能力；MRC 代表市场响应能力；SCI 代表供应链整合；IA 代表信息技术应用（下同）。

表 6-2　　　　　　　　各个构念的检准值

构念	SFP	SCFA	IC	MRC	SCI	IA
完全隶属（0.95）	5.00	5.00	5.00	5.00	5.00	5.00
半隶属（0.5）	3.23	3.77	4.33	3.98	4.02	3.88
完全不隶属（0.05）	1.00	1.00	2.00	1.60	1.00	1.00

第三节　模糊集定性比较分析

模糊集定性比较分析中存在三种常见的运算："非"（negation）、"逻辑与"（and）、"逻辑或"（or），这三种运算是理解模糊集工作的重要基础。"非"运算（用符号"~"表示）类似于传统的清晰集中的从 0 到 1、从 1 到 0 的转换，而在模糊集中扩展到 0 到 1 之间的任何值，例如，计算某案例非模糊集 A 的隶属程度，只需要用 1 减去它在 A 中的隶属身份度即可。"逻辑与"运算就是案例在组合集合的隶属得分是由对其构成集合的隶属分数取最小值而得,而"逻辑或"则主要关注的是构成集合的最大隶属分数。

一般而言,模糊集定性比较分析的基本步骤包括如下几个:首先,必要条件的模糊集分析。必要条件是导致结果发生的必须存在的条件,在进行模糊集真值表程序分析之前,检查必要条件是有用的,作为必要条件的前因变量在进行真值表分析时可以将其剔除。Ragin(2006)认为当前因变量的一致性超过0.9时,便可认为其是导致结果变量的必要条件。其次,构建真值表。在构建真值表后,需要设定一致性临界值与样本频数阈值,Ragin(2006,2008)建议一致性临界值应不低于0.75,而样本频数阈值设定需要前因条件构型至少覆盖80%的样本量(Ragin,2008)。基于此可以得到对所要解释的结果变量具有充分性的前因条件构型。然后根据研究者的假设设定,最终可以得出对结果变量予以解释的三种解:复杂解(complex solution)、简洁解(parsimonious solution)和中间解(intermediate solution),最后结合简洁解与中间解的结果对最终结果予以解释。基于上述步骤,本研究利用模糊集定性比较分析进行准复制研究。由于本研究的理论模型以中介变量供应链融资方案采用为界,可以划分为前后两段,为了更为清晰细致地呈现研究结果,我们将分别进行以供应链融资方案采用作为结果变量的fsQCA分析与供应链融资绩效作为结果变量的fsQCA分析。

一 供应链融资方案采用作为结果变量的fsQCA分析

就以供应链融资方案采用作为结果变量的fsQCA分析而言,必要条件的模糊集分析结果显示(如表6-3所示),中小企业创新能力、市场响应能力、供应链整合和信息技术应用四个前因条件对解释中小企业供应链融资方案采用的一致性分别为0.7814、0.7442、0.7543与0.7323,均没有超过0.9的门槛值,从而并不是也不近似于供应链融资方案采用的必要条件(Ragin,2006)。因此,可以将四个前因条件进行组合分析,进一步判断其所构成的要素组合(构型）对供应链融资方案采用的影响。在构建解释供应链融资方案采用的真值表后，本研究根据 Ragin（2006，2008）建议的一致性临界值应不低于 0.75 标准，以及鉴于样本数据在一致性上的自然断裂（Schneider et al.，2010）等因素，将影响供应链融资方案采用的构型分析中的一致性临界值设定为 0.8，并基于样本频数阈值设定需满足前因条件构型至少覆盖 80% 的样本量的标准，将样本频数阈值设定为 9。基于此，可以得到对所要解释的结果变量具有充分性的前因条件构型。然后结合本研究的假设设定，最终得到解释结果变量供应链融资方案采用的简洁解和中间解。最后，基于 Ragin 和 Fiss（2008）的表示方式，对供应链融资方案采用解释的中间解的结果如表 6 - 4 所示。

表 6 - 3　　供应链融资方案采用单要素前因条件必要性分析

构念	一致性（consistency）	覆盖率（coverage）
IC	0.7814	0.7215
MRC	0.7442	0.7553
SCI	0.7543	0.7277
IA	0.7323	0.7334

如表 6 - 4 所示，通过将供应链融资方案采用作为结果变量进行 fsQCA 分析，我们得到了对供应链融资方案采用具有解释力的四个前因构型。四个前因构型的整体一致性为 0.7570，高于 0.75 的临界值，说明方案具有较好的一致性（Ragin，2000）。此外，四个前因构型的整体覆盖率[1]为 0.7910，表明整体方案具有较强的解释力（Ragin，2000）。

---

[1] 覆盖率又分为原始覆盖率（raw coverage）、净覆盖率（unique coverage）和方案的整体覆盖率（solution coverage）。原始覆盖率是指某一构型覆盖结果案例的比例；净覆盖率指剔除与其他构型的交集后，单个构型的对结果的解释程度；方案的整体覆盖率是指所有构型对覆盖结果的比例。其中，原始覆盖率和净覆盖率相当于回归分析中的 R^2 与 $\triangle R^2$。

具体而言，结合简洁解与中间解的结果，在构型1、构型2、构型3与构型4中，其一致性分别为0.8685、0.8558、0.7621与0.8697，表明四个构型对结果变量均具有较强的解释力。一方面，在三个构型中，中小企业的创新能力与市场响应能力均作为核心条件对结果变量供应链融资方案采用发挥作用，这在一定程度上反映出中小企业的创新能力与市场响应能力对供应链融资方案采用具有积极作用，即进一步表明假设H2a与H2b的实证检验结果具有较强的可信度。另一方面，三个构型中尽管存在中小企业能力与供应链整合以及信息技术应用组合的状态，但供应链整合与信息技术能力是一种不存在的状态。这从侧面反映出供应链整合、信息技术应用与中小企业能力不能共同对供应链融资方案采用产生作用。因此，这也为供应链整合（H4）与信息技术应用（H6）对中小企业能力与供应链融资方案采用之间关系的调节作用不显著提供了佐证。此外，我们的另一个发现是，在构型4中，信息技术应用同样作为核心条件对供应链融资方案采用起到预测作用，而供应链整合与创新能力则为不存在。这对我们之前的理论模型起到了补充作用，表明虽然信息技术应用不能与中小企业能力共同对供应链融资方案起到作用，但在中小企业能力不能有效识别或缺失的情况下，中小企业信息技术应用也是在供应链金融中降低其事前信息不对称的一个重要因素。

表6-4　　　　　　　供应链融资方案采用的前因条件构型

前因条件	构型1	构型2	构型3	构型4
IC		●	●	⊗
MRC	●			
SCI	⊗		⊗	⊗
IA		⊗		●
一致性	0.8685	0.8558	0.7621	0.8697

续表

前因条件	构型1	构型2	构型3	构型4
原始覆盖率	0.3793	0.4352	0.6818	0.2932
净覆盖率	0.0196	0.0116	0.2538	0.0180
方案总体一致性			0.7570	
方案总体覆盖率			0.7910	

注：●与•表示条件存在，⊗与⊗表示条件不存在，空白表示在构型条件可存在可不存在，●与⊗为核心条件，•与⊗为辅助条件；核心条件是指在简洁解与中间解中同时出现的前因条件，辅助条件是指只出现在一个解中的前因条件（下同）。

二 供应链融资绩效作为结果变量的 fsQCA 分析

就以供应链融资绩效作为结果变量的 fsQCA 分析而言，必要条件的模糊集分析结果显示（如表 6-5 所示），中小企业创新能力、市场响应能力、供应链融资方案采用、供应链整合和信息技术应用五个前因条件对解释中小企业供应链融资绩效的一致性分别为 0.8275、0.7646、0.7801、0.7914 与 0.7886，均没有超过 0.9 的门槛值，从而并不是也不近似于供应链融资绩效的必要条件（Ragin, 2006）。因此，可以将五个前因条件进行组合分析，进一步判断其所构成的要素组合（构型）对供应链融资绩效的影响。在构建解释供应链融资绩效的真值表后，本研究根据 Ragin（2006，2008）建议的一致性临界值应不低于 0.75 标准，鉴于样本数据在一致性上的自然断裂（Schneider et al., 2010）等因素，将影响供应链融资绩效的构型分析中的一致性临界值设定为 0.8，并基于样本频数阈值设定需满足前因条件构型至少覆盖 80% 的样本量的标准，将样本频数阈值设定为 6。基于此，可以得到对所要解释的结果变量具有充分性的前因条件构型。然后结合本研究的假设设定，最终得到解释结果变量供应链融资绩效的简洁解和中间解。最后，基于 Ragin 和 Fiss（2008）的表示方式，对供应链融资绩效解释的中间解的结果如表 6-6 所示。

表6-5　　供应链融资绩效单要素前因条件必要性分析

构念	一致性（consistency）	覆盖率（coverage）
IC	0.8275	0.6912
MRC	0.7646	0.7020
SCFA	0.7801	0.7057
SCI	0.7914	0.6907
IA	0.7886	0.7145

如表6-6所示，通过将供应链融资绩效作为结果变量进行fsQ-CA分析，我们得到了对供应链融资绩效具有解释力的六个前因构型。六个前因构型的整体一致性为0.7752，高于0.75的临界值，说明方案具有较好的一致性（Ragin，2000）。此外，六个前因构型的整体覆盖率为0.78930，表明整体方案具有较强的解释力（Ragin，2000）。

表6-6　　供应链融资绩效的前因条件构型

前因条件	构型1	构型2	构型3	构型4	构型5	构型6
IC	●		●	⊗	●	●
MRC	●	●	●	●		
SCFA			•	⊗	⊗	•
SCI				⊗	●	●
IA	•	•			⊗	•
一致性	0.7876	0.8346	0.8182	0.8718	0.8385	0.8574
原始覆盖率	0.6556	0.5986	0.6048	0.2398	0.2935	0.5877
净覆盖率	0.0613	0.0198	0.0291	0.0134	0.0135	0.0324
方案总体一致性				0.7752		
方案总体覆盖率				0.7893		

具体而言，结合简洁解与中间解的结果，构型1、构型2、构型3、构型4、构型5与构型6的一致性分别为0.7876、0.8346、0.8182、0.8718、0.8385与0.8574，表明六个构型对结果变量均具

有较强的解释力。首先，在构型 1 中，存在中小企业创新能力、市场响应能力与信息技术应用三个前因变量，并且创新能力与市场响应能力均作为核心条件存在，同时在其他五个构型中，中小企业创新能力与市场响应能力也均是解释供应链融资绩效的核心条件，因而表明创新能力与市场响应能力对供应链融资绩效具有积极促进作用，这同样为假设 H1a 与假设 H1b 的存在提供了佐证。其次，在构型 2、构型 3 与构型 6 中，均存在供应链融资方案采用这一前因条件，这一条件的出现时中小企业能力同时存在，尤其是构型 3 中同时存在创新能力与市场响应能力，从而表明中小企业能力在对供应链融资绩效具有影响的基础上，可以通过与供应链融资方案采用这一条件的组合对供应链融资绩效产生作用。因此，这间接证明了供应链融资方案采用在中小企业能力与供应链融资绩效之间具有中介作用的假设（H3）。再次，在构型 2 与构型 6 中，均存在供应链融资方案采用这一条件的同时，分别包含信息技术应用与供应链整合，表示供应链融资方案采用与信息技术应用或供应链整合进行结合也可以影响供应链融资绩效。这从侧面反映了信息技术应用（H7）与供应链整合（H5）对供应链融资方案采用与供应链融资绩效之间具有调节作用的假设存在。

在此基础之上，我们还发现了一些新的研究结论。一方面，在解释供应链融资绩效的所有构型中，构型 4 与其他构型相比较，存在一定的特殊性。在构型 4 中，只存在市场响应能力一个核心条件，其他条件要么可有可无，要么不存在。这表明，中小企业市场响应能力是决定其供应链融资绩效的一个重要因素。在本研究中，中小企业市场响应能力是一种基于内部资源产生的能力。因此，这一构型进一步表明，在供应链金融中，当中小企业自身很强时，不需要通过整合外部资源也可以有效获得供应链融资。

与将供应链融资方案采用作为结果变量进行 fsQCA 分析的结果不同，在将供应链融资绩效作为结果变量进行 fsQCA 分析的结果中，除中小企业创新能力与市场响应能力均是核心条件之外，对于解释结果变量，供应链融资方案采用、信息技术应用可以作为核心条件存在，而在解释结果变量供应链融资绩效时，供应链整合却是核心条件。因此，在实证研究结果的基础上，我们进一步发现，在供应链金融中，供应链整合与信息技术应用在降低事后信息不对称方面均会产生作用，同时，信息技术应用在降低事前信息不对称方面也具有一定作用。就两者在降低事后信息不对称方面的作用强度而言，供应链整合在降低事后信息不对称时可以发挥更大的作用。

综上，本研究中模糊集定性比较分析的结果显示，实证检验部分的假设结果均具有较强的稳健性。本研究在模糊集定性比较分析的基础上，又获得了新的研究结论，从而对本研究结果进行了更为深入与细致的拓展与延伸。

第四节　本章小结

由于定性比较分析（QCA）能够弥补传统定性研究基于对个案的归纳所得结论欠缺普适性的短板（宋华、卢强，2017a），并且随着近年来 QCA 方法的发展与成熟，其在处理大样本以及解决更为复杂的问题方面受到管理学者的普遍关注与广泛应用。因此，本章基于本研究数据的特征使用模糊集定量比较分析技术进行准复制研究，一方面保证研究结果的稳健性，另一方面进一步对各个变量之间的关系进行系统梳理与分析。

本章首先对模糊集定量比较分析中所使用的数据要求和校准标准予以介绍，并在此基础上，将本研究中的样本数据进行校准处理。具体标准是以均值后变量的最大值和最小值分别作为"完全隶属"与"完全不隶属"身份度的校准值，采用均值作为"半隶属"身份度的校准值。在数据校准之后，按照必要条件的模糊集分析—构建真值表—得到最终解的步骤分别进行以供应链融资方案采用作为结果变量的 fsQCA 分析及以供应链融资绩效作为结果变量的 fsQCA

分析。

通过模糊集定性比较分析，所得到的结果均表明本研究中实证检验部分的假设结果具有较强的可信度，并在此基础上进一步发现，中小企业基于内部资源产生的市场响应能力自身便可以有效提升其供应链融资绩效。此外，在供应链金融中供应链整合与信息技术应用尽管在降低事后信息不对称方面均会产生作用，但与此同时，信息技术应用在降低事前信息不对称方面也具有一定作用。就两者在降低事后信息不对称方面的作用强度而言，供应链整合在降低事后信息不对称时可以发挥更大的作用。综上，模糊集定性比较分析对本研究结果进行了更为深入与细致的拓展与延伸。

第七章

研究结论与展望

本研究基于企业能力理论"企业能力—竞争优势—企业绩效"的一般理论逻辑，在供应链金融的背景下构建了中小企业能力通过供应链融资解决方案采用进而影响其供应链融资绩效内化机制的理论模型，并结合信息不对称理论从信息视角出发，同时考察中小企业的供应链整合以及信息技术应用在这个过程中的调节作用机制。对于本研究所提出的理论假设，第五章对其进行了科学严谨的实证检验，第六章也运用定性比较分析进行了准复制研究。本章将基于第五章与第六章的研究结果进行如下工作：首先，将对本研究结论进行详细分析与讨论，并在此基础上梳理本研究的理论贡献；其次，学术研究最终要为实践服务，本章将基于研究结论提出本研究的管理启示，为企业实践提供指导；最后，本章将通过总结本研究的不足之处，提出未来可能的研究方向。

第一节 研究结论

一 中小企业能力与供应链融资

随着供应链研究的深入，供应链中的资金流也逐渐得到学者们的广泛关注（Wuttke et al., 2013a, 2013b; Silvestro and Lustrato,

2014)。特别是近年来，基于资金流管理产生的供应链金融逐渐成为解决中小企业融资难的重要途径（Lekkakos and Serrano，2016；宋华、卢强，2017b；Yan and Sun，2015；Hofmann and Kotzab，2010）。相比传统的银行借贷等融资方式，供应链金融能够给中小企业带来更好的融资绩效（张伟斌、刘可，2012；Zhao et al.，2015；Gelsomino et al.，2016）。虽然以往研究认识到供应链金融在优化中小企业运营资金方面的重要作用，但没有进一步明确回答具体什么样的中小企业可以通过供应链金融有效获取资金。传统的能力观认为，企业所具备的能力是其获取竞争优势以及资源的关键，从而会对其绩效产生积极影响（Prahalad and Hamel，1990；Teece and Pisano，1994）。本研究基于这一出发点，从企业能力理论视角切入，认为供应链融资绩效作为企业绩效的一个重要方面，中小企业所具备的能力也会对其产生重要影响。因此，本研究基于"企业能力—竞争优势—企业绩效"的一般理论逻辑，构建了供应链金融背景下中小企业能力通过供应链融资解决方案采用进而影响其供应链融资绩效内化机制的理论模型。本研究结果发现：

第一，中小企业能力积极影响其供应链融资绩效。资源作为能力的来源（Penrose，1959），资源基础观（RBV）认为企业内部拥有的有形与无形资源可以使企业获得独特能力，从而能够提升其竞争力（Wernerfelt，1984；Barney，1991；2001）。随着对资源基础观研究的不断深入，拓展的资源基础观理论（Extended RBV）和资源优势理论（Resource Advantage Theory）指出，组织内与组织间的资源（或协作）都能够促进企业能力的形成与产生（Xu et al.，2014；Hunt and Davis，2008）。鉴于此，本研究根据企业能力的来源将企业能力划分为两类：一类是基于组织内部资源产生的能力；二是基于组织间资源（或协作）产生的能力。具体到供应链金融中，本研究主要考察中小企业基于内部资源产生的市场响应能力以及基于组织间资源形成的创新能力对其供应链融资绩效的影响。针对这两种能力，本研究实证检验结果表明，中小企业创新能力对供应链融资绩效具有显著的正向影响（β=0.268，p<0.001），同时中小企业市场响应能力对供应链融资绩效也具有显著的正向影响（β=0.246，p<0.001）。此外，在模糊集比较分析中，中小企业创新能力与市场响应能力也都作为解释供应链融资绩效的核心条件，进一步表明创新能力与市场响应能力对供应链融资绩效具有积极影响。这一点与传统能力理论的基本逻辑相一致（Agha et al.，2011；Blome et al.，2013；Nguyen et al.，2016），即企业能力对其绩效具有重要促进作用。一般而言，企业创新能力是其异质性资源的重要来源（魏谷、孙启新，2014）；在激烈的市场竞争中，具备快速响应能力的企业往往更能够获得顾客的青睐。因此，异质性资源与市场的获取有效促进了中小企业经营绩效提升，而对于供应链网络中的资金提供企业而言，优越的经营绩效则代表中小企业具有较好的偿债能力，从而能够在一定程度上降低其在融资的过程中由于信用缺失而带来的高成本，提升其融资可得性，促进其供应链融资绩效的提升。

第二，供应链融资方案采用在中小企业能力与供应链融资绩效之间具有中介作用。企业能力理论的基本逻辑是"企业能力—竞争优势—企业绩效"（Prahalad and Hamel，1990；Teece et al.，1997）。企业能力对绩效的作用是通过获取竞争优势实现的，即企业能力带来的竞争优势是企业绩效提升的关键。结合供应链金融而言，首先，在任何一个供应链网络都存在着众多的中小企业，但并不是供应链网络中的所有中小企业均可以通过采用供应链融资方案解决运营资金短缺问题（宋华、卢强，2017a）。一般而言，从资金提供企业的视角来看，只有那些在供应链网络中具有竞争力的中小企业才能够获得资金提供企业的融资。对于中小企业而言，这种竞争优势便反映在其供应链融资方案采用上。正如本研究结果所示，中小企业创新能力对供应链融资方案采用具有显著的正向影响（β=0.112，p<0.05），中小企业市场响应能力对供应链融资方案采用也具有显著的正向影响（β=0.136，p<0.05）。其次，本研究实证检验与模糊集比较分析结果均表明，中小企业能力对供应链融资绩效的作用可以

通过促进其融资方案采用实现。其中,供应链融资方案包括传统的供应链融资方案(如反向保理)、创新性的融资方案(卖方票据转让、库存融资等)以及供应链协作融资方案(库存质押、供应链管理库存等)(Caniato et al.,2016)等多种形式。供应链融资方案是建立于中小企业与资金提供企业紧密的合作基础之上的,一方面,这种合作的背后同时暗含了资金提供企业对中小企业的信任;另一方面,由于合作关系的存在,相比传统融资关系中的简单借贷关系,采用供应链融资方案建立起来的是一个具有多方参与主体的网络生态,网络生态本身具有信息治理、关系治理和结构治理等优势(宋华、卢强,2017b),从而使得中小企业通过采用合适的供应链融资解决方案能够有效获得供应链融资,降低其融资成本并提升融资绩效(张伟斌、刘可,2012)。

二 供应链金融中的信息传递机制

以往众多研究表明,信息不对称一直以来都是约束中小企业融资的最大障碍(Berger and Udell,1998,2002;Watson and Wilson,2002;Feenstra et al.,2014;林毅夫、李永军,2001;罗付岩,2013)。供应链金融得到广泛应用的基础是其可以有效降低借贷双方之间的信息不对称(Hofmann and Kotzab,2010;Pfohl and Gomm,2009),促进中小企业融资绩效的提升。但目前研究并没有进一步深入探讨供应链金融中信息不对称降低的内在机制(Gelsomino et al.,2016)。根据以往的信贷理论相关研究,借贷双方之间的信息不对称包括事前和事后信息不对称两类(Donnelly et al.,2014),伴随着两种信息不对称而产生的是逆向选择(Roberts,2015)与道德风险(Bubb and Kaufman,2014)问题。本研究从信息不对称视角出发,基于供应链研究思路寻找供应链金融中影响信息不对称的因素。以中小企业供应链融资方案采用为界,本研究结果发现:

第一,中小企业能力作为一种竞争能力传递信号,在供应链金融中可以有效降低事前信息不对称。如前所述,基于企业能力理论,本研究结果表明中小企业创新能力（β=0.112，$p<0.05$）与市场响应能力（β=0.136，$p<0.05$）均对供应链融资方案采用具有显著的正向影响，本研究认为这背后隐含的内在机制便是信息理论的体现。在供应链金融中，由于供应链网络中的资金提供企业与中小企业之间事前信息不对称，为了避免逆向选择风险，借方企业往往会选取供应链网络中具有较强竞争力的中小企业为其进行融资（宋华、卢强，2017a）。因此，对于可以通过供应链融资方案采用获取融资的中小企业而言，其往往在供应链网络中具有较强的竞争力。基于信号理论，在具有信息不对称的情境中，缺少信息的一方会通过信号对真实信息予以推测（Spence，1973；Boulding and Kirmani，1993；侯永等，2014）。然而，在供应链金融中，对中小企业竞争能力的真实判断是比较困难的。因此，借方企业便根据能够反映中小企业真实竞争力的有效信号进行判断，而中小企业能力便是预测其竞争力的有效信号。具体而言，中小企业能力作为一种有效信号，可以通过两个方面发挥作用：一方面，具有较强创新能力或者市场响应能力的中小企业，在供应链网络中具有较稳定的合作关系，同时在市场中也更容易得到认可，从而使其在供应链网络中更具有合法性（Gelsomino et al.，2016），能够更好地被资金提供企业所识别；另一方面，中小企业具有较强的能力，表明其在行业中更具有核心竞争力，而具有核心竞争力的企业往往具有较好的财务绩效（Yan，2010；Agha et al.，2011；Liang et al.，2013），较好的财务绩效作为"硬信息"的体现能直接转化为偿债能力（Stein，2002；Irwin and Scott，2010；Roberts，2015），因此能够显著提高中小企业的信用水平。鉴于此，在供应链金融中，中小企业能力作为传递其在供应链网络中竞争力的重要信号，对于缓解借贷企业之间的事前信息对称，降低逆向选择的风险等具有重要作用，从而能够有效促进中小企业对供应链融资方案的采用。

第二，供应链整合与信息技术应用对中小企业能力与供应链融资方案采用之间的关系不具有积极的调节作用，但信息技术应用本身在缓解事前信息不对称方面具有重要作用。在中小企业采用供应链融资方案之前，为缓解借贷企业之间的事前信息不对称，本研究还进一步假设供应链整合（H4）与信息技术应用（H6）可以积极调节中小企业能力与供应链融资方案采用之间的关系，即通过供应链整合与信息技术应用，可以进一步降低中小企业与供应链网络中融资企业之间的事前信息不对称，促进中小企业供应链融资方案采用。然而，实证检验结果并没有对供应链整合与信息技术应用对中小企业能力与供应链融资方案采用之间具有调节作用的假设予以支持。但是，通过运用模糊集定性比较分析进行的准复制研究发现，在解释中小企业供应链融资方案采用的构型中，信息技术应用却作为核心条件发挥了重要的预测作用，而此时其他前因条件（供应链整合与创新能力）表现为一种不存在的状态。我们认为这是对实证检验结果的有效补充。造成这种差异性结果的可能的原因在于，在理论假设部分，我们只是将信息技术应用作为一个影响信息分享的情境因素引入研究中，考察的是中小企业能力（创新能力与市场响应能力）存在的情况下，信息技术应用对其影响供应链融资方案的促进作用。但模糊集定性比较分析则不同，其分析的是对供应链融资方案采用产生影响的前因条件之间的任何可能组合（Ragin, 1987, 2000, 2007; 杜运周、贾良定, 2017），在信息技术应用作为核心条件的组合中，其他前因条件是不存在的，这表明信息技术应用本身便会对供应链融资方案采用有影响。一般而言，对于初创期以及发展初期的中小企业而言，并不是所有的企业都具备较强的创新能力与市场响应能力。因此，在中小企业能力不能有效识别或缺失的情况下，资金提供企业便无法基于其能力信号对其竞争力进行准确判断。但信息技术作为一种信息存储和信息分享的重要信息手段（林勇、马士华, 2000），可以增加资金提供企业对中小企业信息获取的渠道，丰富对中小企业的了解，从而在一定程度上降低供应链金融中逆向选择的产生，在降低事前信息不对称的基础上能够帮助中小企业采用供应链融资方案获取资金。因此，在供应链金融中，信息技术应用也是在供应链金融中降低借贷企业之间事前信息不对称的一个重要因素。

第三,供应链整合与信息技术应用对中小企业供应链融资方案采用与供应链融资绩效之间的关系具有积极的调节作用,并且在供应链金融中供应链整合在降低事后信息不对称方面能够发挥更大的作用。本研究实证结果显示,供应链整合对供应链融资方案采用与供应链融资绩效之间的关系具有积极的调节作用($\beta=0.141$,$p<0.05$),同时,信息技术应用对供应链融资方案采用与供应链融资绩效之间的关系也具有积极的调节作用($\beta=0.139$,$p<0.05$)。这表明在供应链金融中,供应链整合与信息技术应用能够有效降低事后信息不对称,提高中小企业融资绩效。

一方面,与多数研究结果相一致(Schmalensee,1973;Arrow,1975;Dyer and Chu,2003;赵亚蕊,2012),本研究结果同样对供应链整合可以降低供应链网络中合作企业之间的信息不对称予以支持。顾客整合,使得企业能够更加及时有效地获取顾客的需求信息,从而更好地制订生产计划;供应商整合可以将企业的信息及时传递给供应商,降低牛鞭效应等(Zhao et al.,2011;霍宝锋等,2016)。在此基础上,基于较好的供应链整合,中小企业的需求与生产等信息能够在供应链上下游中予以扩散并在交易伙伴之间进行高度共享(Allred et al.,2011;Devaraj et al.,2007),因此资金提供企业可以通过供应链网络与流程较好地掌握中小企业的交易等信息,对其交易状况进行准确判断。通过供应链整合,还可以增强中小企业与供应链网络中合作伙伴之间的合作关系,提升中小企业与合作伙伴之间业务协调性与合作关系的持久性(Frohlich and Westbrook,2001;Flynn et al.,2010),在一定程度上保障了中小企业经营的稳定性,增强其在供应网络中的信用水平。正如 Gomm(2010)与 Wandfluh 等(2016)等学者所指出的那样,供应链金融强调的是基于整个供应链网络结构而产生的交易信用。在提供供应链金融服务之后,正是通过供应链整合,资金提供企业能够基于供应链网络获取中小企业与其他企业之间的真实交易与运营情况，在很大程度上降低了借贷双方之间的信息不对称。

另一方面，在供应链网络中，信息技术应用一直以来就是促进供应链网络中企业之间物流、信息流与资金链等合理流动的重要手段（Rai et al.，2012）。在复杂的供应链网络环境中，不同企业之间通过信息技术应用能够实现真实的产品供应、库存水平、配送状态以及产生需求等信息的共享（Lancioni et al.，2000；Chen and Paulraj，2004b），从而在很大程度上提升企业的运作效率（Melville and Ramírez，2008）。因此，在供应链金融中，特别是针对具有不确定性以及面临高度竞争的中小企业而言，信息技术的应用在促进信息分享的同时也能够促进企业绩效的有效提升，为其带来较高的信用水平的同时，增强其偿债能力。此外，在传统的融资方式中，由于资金提供方不能有效控制贷方企业的资金使用情况，导致贷方企业产生改变贷款用途等道德风险（Bubb and Kaufman，2014）。但供应链金融能够有效提升企业融资效率的关键在于，资金提供企业能够通过控制整个供应链中与资金相关的业务流程实现资金使用的可视化（Grosse - Ruyken et al.，2011），而这一点通过中小企业的信息技术应用能够很容易实现。基于信息技术应用，能够实现中小企业与供应链合作伙伴之间业务流程的信息化与数据化。作为供应链网络中的核心企业，资金提供方往往具有强大的信息整合能力，因此能够较为容易地获取中小企业的资金流动信息，对其供应链融资获得的资金使用情况进行有效的监督，从而避免道德风险的产生，降低供应链融资的事后信息不对称。

此外，本研究通过模糊集定性比较分析进一步发现，在以供应链融资方案采用作为结果变量进行的分析中信息技术应用作为核心条件存在，而在以供应链融资绩效作为结果变量进行的分析中，供应链整合却是解释供应链融资绩效的核心条件。因此，本研究认为供应链整合在降低事后信息不对称促进中小企业供应链融资绩效方面可以发挥更大作用。这是因为在供应链金融中，通过供应链整合与信息技术应用能够使资金提供企业在为中小企业提供融资后有效获取有关其交易与资金使用情况等方面的信息，对其经营情况与偿债能力等进行清晰判断。由于供应链融资行为已经发生，尽管能够通过信息获取避免道德风险的产生，然而由于中小企业经营环境的不确定性，生产、需求以及原材料供应等方面出现波动在所难免。中小企业一般是资金提供企业所在供应链网络中的参与者，基于较好的供应链整合，资金企业在中小企业面临上述问题时还可以为其提供一定的支持，在保证其经营稳定性的同时，提升自己所提供供应链融资的可偿还性。鉴于此，相对于信息技术应用，供应链整合更能够促进中小企业供应链融资绩效的提升。

第二节 理论贡献

本研究基于企业能力理论与信息不对称理论，探索了供应链金融中什么样的中小企业能够通过供应链金融获得融资、供应链金融降低信息不对称的作用机制是什么两个问题。一方面，通过构建中小企业能力通过供应链融资方案采用进而影响其供应链融资绩效内化机制的理论模型，在一定程度上拓展了现有供应链金融研究的深度。另一方面，引入供应链已有研究中供应链整合与信息技术应用两个影响信息分享的重要变量，考察中小企业的供应链整合以及信息技术应用在供应链金融中降低事前与事后信息不对称的作用机制，从而进一步拓宽了供应链金融研究的广度。具体而言，本研究的理论贡献有如下几个方面：

首先，基于企业能力理论，揭示了中小企业能力影响供应链融资绩效的理论机制，回答了什么样的中小企业能够通过供应链金融获得融资这一问题。作为管理学与金融领域结合产生的创新，供应链金融对于缓解中小企业融资难具有重要作用，这一点在近几年也得到了学者的广泛认同（Hofmann and Kotzab, 2010; Lekkakos and

Serrano，2016；宋华等，2017）。但现实情况是，在同一供应链网络中的中小企业并不是都能通过供应链金融获得融资，往往是具有竞争力的中小企业才能够被资金提供企业所识别，并可以通过采用供应链融资方案获得资金。现有研究并没有对这一现象给出系统解释，即没有明确指出在供应链网络中哪些中小企业真正能够通过采用供应链融资方案获益。从企业能力理论视角出发，具有竞争力的中小企业能够获得供应链融资的关键在于其具备较强的能力（Prahalad and Hamel，1990；Grant，1991；Teece et al.，1997；Miller，2003；Ray et al.，2004）。鉴于此，本研究对供应链金融中，中小企业所需具备的能力予以识别，指出创新能力与市场响应能力是其获得竞争优势进而能够提升其供应链融资绩效的关键。综上，基于企业能力的基本逻辑，本研究对中小企业能力与其供应链融资绩效之间的关系进行探索，为什么样的中小企业能够通过供应链金融获得融资这一现实问题提供了系统的理论解释。

其次，通过引入供应链融资方案采用，打开了中小企业能力与供应链融资绩效之间的"黑箱"。随着学术领域对供应链金融研究的深入，大多数研究只是将供应链金融中的融资绩效作为结果变量，从理论层面分析其他因素对其的影响（Hofmann and Kotzab，2010；Pfohl and Gomm，2009；Gomm，2010；Wuttke et al.，2013a，3013b；More and Basu，2013；Wandfluh et al.，2016）。然而，供应链融资绩效作为企业融资绩效的一部分，很难从企业融资绩效整体中分离出来，因此有必要引入与供应链融资相关的变量对供应链融资绩效的前因及其内在机制进行深入探索。供应链融资方案采用作为影响供应链融资绩效的直接因素，在现有研究中只是将其作为理论构念予以提出（Caniato et al.，2016），而并未将其真正纳入研究框架进行实证研究。如前所述，一般是在供应链网络中具有竞争优势的中小企业才更容易通过采用供应链金融获得融资。鉴于此，本研究构建了中小企业能力影响供应链融资绩效的理论模型，而基于"企业能力—竞争优势—企业绩效"的理论逻辑，供应链融资方案采用便是中小企业能力与供应链融资绩效之间的"黑箱"。因此，本研究通过将供应链融资方案采用这一理论构念予以量化，并进行实证研究，厘清了中小企业能力与供应链融资绩效之间的内在机制，这在很大程度上推进了供应链金融理论的发展。

最后，本书系统分析了供应链金融能够有效降低信息不对称，提升中小企业供应链融资绩效的作用机理。对于约束中小企业有效获得融资的信息不对称问题，传统的银行借贷作为主流的融资途径，一般依赖硬信息和软信息予以解决（Stein，2002；Berger and Udell，2002），而后基于集群网络产生的集群网络融资也是利用企业之间的关系等"软信息"（Shane and Cable，2002；Song and Wang，2013），但这都没有从根本上消除信息不对称所导致的逆向选择与道德风险等问题（Chang et al.，2014）。供应链金融的最大优势便是可以有效降低信息不对称，但尽管以往研究并未就信息不对称降低的内在机制予以系统分析（Gelsomino et al.，2016）。本研究基于信息不对称理论中事前与事后信息不对称的类型划分，以中小企业融资方案采用作为划分事前与事后的标准，在供应链管理已有研究的基础之上，重点考察了供应链整合与信息技术应用在供应链金融中降低中小企业事前与事后信息不对称方面的作用。通过准复制研究，本研究得出中小企业能力作为一种信号传递机制可以有效降低事前信息不对称，同时信息技术应用在降低事前信息不对称方面也可以有效发挥作用；而对于事后信息不对称及其所带来的道德风险等问题，供应链整合与信息技术应用是有效的控制手段。本书对供应链金融中的信息传递机制的清晰阐述，是对现有供应链金融理论研究的丰富与补充。

第三节 管理启示

供应链融资作为一种新兴的融资方式，在传统融资途径"失灵"的情况下有效运用供应链金融解决资金约束是众多中小企业的当务之急。本研究通过对什么样的中小企业能够通过供应链金融获得融资以及供应链金融降低信息不对称的作用机制是什么两个问题的回答，可以为中小企业优化自身企业管理实践，强化自身在供应链网络中的竞争力，进而通过供应链融资方案采用获取融资提供着力点与突破口。具体而言，本研究的对中小企业管理实践的指导与借鉴意义在于：

其一，有效整合供应链网络资源促进企业创新能力提升。本研究结果显示，中小企业创新能力对中小企业供应链融资方案采用以及供应链融资绩效均具有积极的促进作用。一直以来，创新都是企业发展的重要驱动力（Keizer et al., 2002；吕一博等，2008）。由于创新能力具有不可模仿、不可替代等特征，往往可以成为企业的核心竞争力，而在供应链网络中具有竞争力的中小企业更容易被核心企业所识别，从而获得融资。这表明中小企业应多途径提升自身内部的创新能力，通过创新能力这一信号机制传递其在供应链网络中的竞争力，从而为其通过供应链金融获得资金提供有利条件。而在本研究中，中小企业创新能力作为一种基于外部资源整合产生的一种能力，中小企业应该充分基于供应链网络，有效获取网络中的资源与知识，强化自身的创新能力与水平。具体而言，鉴于中小企业在供应链网络中的特征，其利用外部资源进行创新能力的提升可以从如下三个方面予以展开：首先，中小企业本身具有发展不完善、处于新创期等局限。因此，要摒弃以自我为中心的理念，跳出自身局限性，在运营过程中应以供应链网络中可以有效获取供应链融资的中小企业为标杆，不断地从外部引入新知识与新技术，将外部创新资源为己所用，通过开放式创新思维增强创新能力。其次，中小企业发展并不成熟，企业内部的创新文化体系也并不健全。在发展的过程中，中小企业要着力培育创新文化，通过建立鼓励创新的制度与机制使企业敢于创新，从而为企业创新能力的提升提供良好的文化氛围。再次，在供应链网络中，中小企业应强化与网络中其他企业的合作程度，努力克服与其他企业之间的关系惯性，基于紧密合作获取有价值的资源与知识，从而转化为自身的创新能力。因此，伴随着中小企业在供应链网络中创新能力的提升，可以使其更容易成为供应链金融的服务对象。

其二，基于企业内部资源以有效强化市场响应能力。本研究结果同时显示，市场响应能力对于中小企业供应链融资方案采用以及供应链融资绩效提升也具有重要的积极作用。市场环境的动荡性（Lu and Ramamurthy，2011）和不确定性（于亢亢等，2014）使得客户偏好与市场需求不断发生变化。在这样的环境中，大企业基于自己的品牌优势拥有稳定的忠诚客户，而在激烈的市场竞争中通过提升自己的市场响应能力不断满足差异化的客户需求对于中小企业而言则尤为重要。作为中小企业在市场中获取竞争优势的关键（陈猛等，2015），市场响应能力要求中小企业能够及时获取顾客的需求信息，在此基础上综合运用供应链网络中的资源，对客户需求进行快速反应。作为中小企业基于内部资源整合产生的一种能力，从供应链管理的视角出发，市场响应能力的提升可以反映在改进需求管理柔性与物流分销柔性两个方面。一方面，要求中小企业能够基于现有资源及时快速地对客户所提出的服务、配送时间、需求信息等进行整合与调整，并能够在此基础上进行有效的产品改进与完善，同时以较低的成本将产品营销给顾客；另一方面，则需要中小企业针对不同需求进行合理的库存调配、产品组合、集中运输等，从而能够在最短的时间内响应顾客需求。此外，中小企业还应该通过科学分权与有效授权建立具有快速响应的组织结构与其市场响应能力相匹配。在此基础上，中小企业通过整合企业内部资源对市场响应能力予以提升，可以有效增强自身在行业中的竞争力，从而降低事前信息不对称使其更容易成为供应链网络中资金提供企业的融资对象，并有助于其通过供应链融资方案的提升供应链融资绩效，缓解运营资金压力。

其三，打破利用传统途径融资的思维定式，积极采用多种供应链融资方案。作为中小企业能力影响供应链融资绩效的重要枢纽，中小企业应通过对多种供应链融资方案的综合运用提升其通过供应链金融进行融资的效率与效果。一直以来，传统银行借贷是企业融资的主要途径，但由中小企业自身的局限性，不管是基于财务状况、资产、信用的交易型借贷还是关系借贷（Berger and Udell，2002），都与中小企业融资无缘。在这种情况下，中小企业只能转向高利率、高抵押的民间借贷或者个人高利贷，而这类资金的使用却同时伴随着高风险。因此，中小企业应摒弃运用传统融资方式获取资金的思维定式，摆脱银行等金融机构的约束，勇于尝试、积极寻求通过采用供应链融资方案解决运营资金问题。供应链融资方案具有多种形式，包括传统供应链融资方案（如反向保理）、创新性的融资方案（例如卖方票据转让、二级供应商融资等）以及供应链协作融资方案（例如库存质押、供应链管理库存等）（Pfohl and Gomm，2009；Caniato et al.，2016）。因此，中小企业可以针对自己所在的供应链网络中的位置，以及在交易过程中所产生的应收、应付、库存等情况，在与供应链网络中的合作伙伴紧密合作的同时，基于自身创新能力与市场响应能力的提升，合理选择适合自己的供应链融资方案，并通过对多种方案的综合应用，提高供应链融资绩效。

其四，注重运用信息技术提升供应链合作伙伴之间的信息分享程度。供应链金融相对于传统融资方式的最大优势便是能够降低借贷双方之间的信息不对称（Hofmann and Kotzab，2010；Pfohl and Gomm，2009；宋华等，2017），本研究实证分析发现，信息技术应用能够有效降低事后信息不对称，而模糊集定性比较分析则进一步发现，信息技术应用在降低事前信息不对称方面也具有重要作用。信息技术作为优化供应链管理的重要方式与手段，大多数企业在运营过程中都会积极采用。但中小企业由于资金约束，一般不在信息技术应用方面进行较大投资。从本研究结果来看，这种做法反而不利于其通过供应链金融获得融资。在供应链管理中，中小企业应对网络技术、通信技术（如 Internet、EDI）以及传感技术（如条码技术、RFID）等的运营，积极引进 MRP、ERP、OA、物流管理系统、库存管理系统等企业管理与运作系统，通过信息技术的采用实现交易、运作等流程的信息化、数据化与标准化，促进信息在供应链网络中的分享与扩散，促进供应链网络中的核心企业更好地获取信息，从而提升核心企业为其提供供应链融资的意愿。在采用供应链融资方案后，中小企业更应强化信息技术应用的强度，努力实现自己企业的信息技术系统与资金提供企业的系统相对接，在保证本企业数据安全的同时，让资金提供企业能够基于信息系统对资金使用情况进行有效掌握。同时，通过信息技术应用，可以使中小企业进入核心企业的虚拟供应链网络（宋华、卢强，2017b），由于核心企业可以对虚拟供应链网络中的信息流、资金流、商流以及物流等进行有效控制，所以可以降低为中小企业提供供应链融资的风险，从而有助于中小企业以较低的成本获得供应链融资。

其五，通过供应链整合更好地融入供应链网络。就本研究发现供应链整合在降低供应链金融中的事后信息对称方面发挥着不可替代的重要作用。首先，供应链金融强调的是基于整个供应链网络的交易信用（Gomm，2010；Wandfluh et al.，2016），中小企业应该通过供应商与客户整合，与合作伙伴建立起紧密稳定的合作关系，实现合作伙伴信息在供应链网络中的传递，以此基于中小企业与合作伙伴之间真实的交易情况提升其在供应链网络中的信用水平与偿债能力，从而降低供应链融资中的事后信息不对称，避免道德风险的产生，提升中小企业供应链融资绩效。其次，中小企业还应该通过与顾客共同进行产品开发、与供应链进行协同生产计划等供应链整合行为形成良好的组织场域，搭建网络生态。因为在组织场域中，通过与合作伙伴之间的谈判、协商等互动规则与机制，能够在一定程度上约束企业的行为。在基于供应链整合形成的组织场域中，由于中小企业为获取合法性会规避一些机会主义行为的产生（宋华等，2017），并且中小企业还可以利用网络生态本身所具有的信息治理、结构治理以及关系治理等作用机制，在较大程度上提升其在供应链网络中的信用水平，从而有助于其更好地利用供应链金融获得供应链融资。再次，中小企业应该通过供应链整合嵌入更多的供应链网络中，从而能够增加从多个核心企业（资金提供方）获得供应链融资的机会，降低对某一融资提供企业的依赖，从而在较大程度上保证供应链融资的可得性（Lamoureux and Evans，2011）。

第四节　研究局限与展望

针对供应链金融这一新兴的研究领域，本研究基于企业能力理论与信息不对称理论系统分析了供应链金融中中小企业能力通过供应链融资方案采用影响其供应链融资绩效的内在影响机理。本研究在通过实证研究方法对理论假设进行检验的基础上，运用模糊集定性比较分析进一步保证研究结果的稳健性。虽然本研究在一定程度上拓展了现有供应链金融研究的深度与广度，对供应链金融理论进行了丰富与发展，并基于准复制研究结果得到了一些对中小企业管理实践的有益启发。但是，对于供应链金融这一热门研究课题而言，依然存在一些不足，在未来的深化研究中可以进行进一步探讨与完善。具体而言：

第一，研究样本的数量与范围需要进一步丰富。虽然目前供应链金融受到很多学者的关注，但相关的实证研究文献相对较少（Gelsomino et al.，2016），主要原因是数据相对较难获取。虽然本研究基于前期大量的企业调研与深度访谈，发现六家典型开展供应链金融业务的核心企业并在核心企业的协助与支持下进行了数据收集与获取。但研究样本只是覆盖了东部沿海地区中快消品、家禽养殖、家电、制衣、汽车以及通信等少数行业。为了使研究结果更具有普适性，未来的研究应该进一步扩大研究对象与研究方位，从更为广泛的地区纳入更多的行业，在扩大样本数据的基础上进行分析。

第二，行业之间的差异是未来研究的重要切入点。本研究中将创新能力与市场响应能力作为中小企业内在外化与外在内化能力的反映，但不同行业中的中小企业其主要的内在外化与外在内化能力有所差异。此外，由于不同行业的供应链网络有所差异，而导致基于供应链网络的供应链金融模式也会有所不同（宋华、卢强，2017a）。在不同的供应链金融模式中，供应链融资方案也会有所侧重。因此，未来的研究应该进一步结合行业的不同，进一步准确识别中小企业应该具备的能力要求。同时，还应该基于不同行业的供应链金融模式判断不同的供应链融资方案在供应链融资中的具体作用差异。

第三，需要从资金提供企业的视角检验本研究理论模型的有效性。本研究从中小企业的视角切入，探索中小企业应该具备何种能力帮助其有效获得融资，同时考察中小企业应该从哪些方面降低供应链融资中的事前与事后信息不对称。但对于供应链融资的资金提供主体而言，本研究所识别的中小企业能力（创新能力与市场响应能力）是否是其提供供应链融资所考察的中小企业关键能力，以及供应链整合与信息技术应用是否真正有助于其有效控制风险等，这些问题还有待于从资金提供主体的视角出发予以进一步研究。

第四，探寻更多的研究变量来丰富和完善现有研究框架。本研究基于企业能力理论研究了中小企业能力对其供应链融资绩效的影响，并结合信息不对称理论分析了信息技术应用与供应链整合在供应链金融中降低信息不对称的作用。在供应链研究领域中，供应链金融作为供应链成员之间协作产生的结果（Caniato et al.，2016），对于与供应链企业间协作行为有关的关系强度、关系治理、企业间依赖度等因素是否会对供应链融资产生影响，这是需要将来研究进一步探索的问题。此外，供应链融资绩效作为企业运营绩效的一种，以往研究表明，行业的竞争性、环境的动态性等均是影响企业运营绩效的重要情境因素。因此，在后续的研究中，可以纳入更多的关系变量与情境变量对中小企业融资绩效予以探讨，对解释中小企业供应链融资绩效的理论模型进行进一步丰富与补充。

附录一　预调研问卷

尊敬的女士/先生：

　　您好！我们正在进行一项关于"企业供应链融资绩效"的研究。本调查为匿名形式，您所填写的数据仅作为学术研究之用，原始材料不对外公开。本调查大约会占用您5分钟时间，谢谢您的支持和合作。

第一部分　企业能力

请您根据以下相关问题的描述，在适当的分值上（数字）上画"√"	非常不同意	比较不同意	一般	比较同意	非常同意
企业创新能力					
1. 我们能以较低成本在较短时间内引进或研发新产品与新技术	1	2	3	4	5
2. 我们会及时对现有产品与业务流程予以改进	1	2	3	4	5
3. 我们能够不断将新方法或新技术引入现有管理过程中	1	2	3	4	5
4. 我们会在生产与研发的过程中会不断引进新材料与新技术	1	2	3	4	5
5）我们会根据产品生产或销售要求进行组织变革与改进	1	2	3	4	5

续表

请您根据以下相关问题的描述，在适当的分值上（数字）上画"√"。	非常不同意	比较不同意	一般	比较同意	非常同意
市场响应能力					
1. 我们能在较短时间内变更产品来满足客户需求	1	2	3	4	5
2. 我们能快速向市场推广新产品	1	2	3	4	5
3. 我们能以较低的成本将新产品营销给下游客户	1	2	3	4	5
4. 我们有多套新产品的广告、促销等方案，灵活多变	1	2	3	4	5
5. 我们能够快速应对市场需求的变化	1	2	3	4	5

第二部分　供应链融资情况

请您根据以下相关问题的描述，在适当的分值上（数字）上画"√"。	非常不同意	比较不同意	一般	比较同意	非常同意
供应链融资方案采用					
1. 如果我们有流动性问题，可以通过调整付款条件予以解决	1	2	3	4	5
2. 我们利用不动产或动产从供应链合作伙伴处融资	1	2	3	4	5
3. 我们基于应收账款从供应链合作伙伴处融资	1	2	3	4	5
4. 我们基于应付账款从供应链合作伙伴处融资	1	2	3	4	5
5. 我们通过与供应链合作伙伴合作解决资金问题	1	2	3	4	5
供应链融资绩效					
1. 我们从供应链合作伙伴处融资的利率较低	1	2	3	4	5
2. 我们从供应链合作伙伴处融资的成功率较高	1	2	3	4	5
3. 我们从供应链合作伙伴处融资的期限较为灵活	1	2	3	4	5
4. 我们从供应链合作伙伴处融资的额度较为灵活	1	2	3	4	5
5. 我们从供应链合作伙伴处融资的抵押/质押率更低	1	2	3	4	5

第三部分　情境因素

请您根据以下相关问题的描述，在适当的分值上（数字）上画"√"	非常不同意	比较不同意	一般	比较同意	非常同意
供应链整合					
1. 我们与供应商积极互动与探讨产品开发	1	2	3	4	5
2. 我们有程序或方法获得供应商的运营信息	1	2	3	4	5
3. 我们与客户积极互动以改进产品或服务质量	1	2	3	4	5
4. 我们有正式的惯例和标准作业程序与客户以及供应商联络，并努力建立长期合作关系	1	2	3	4	5
信息技术应用					
1. 我们不同职能部门之间通过计算机集群网络互联	1	2	3	4	5
2. 我们运用信息技术整合组织内部资源	1	2	3	4	5
3. 我们运用信息技术与商业伙伴之间进行资源共享	1	2	3	4	5
4. 我们运用信息技术获得处于全球网络中各种组织的资源	1	2	3	4	5
5. 我们运用信息技术支持订单、采购、运输、库存、销售与配送等各个业务流程	1	2	3	4	5

第四部分　企业基本情况

1. 贵企业的经营年限：（请在对应方框里画"√"）

1 年以内□；1—2 年□；2—5 年□；5—10 年□；10 年以上□

2. 贵企业有多少员工：（请在对应方框里画"√"）

0—50□；51—100□；101—300□；301—500□；501—1000□；1001—2000□

3. 贵企业大概的年销售额（请在对应方框里画"√"）

500 万以下□；500 万—1000 万□；1000 万—2000 万□；2000 万—3000 万□；

3000万—5000万□；5000万—1.5亿□；1.5亿—3亿□

4. 贵企业大概的总资产（请在对应方框里画"√"）

500万以下□；501万—1000万□；1001万—3000万□；3000万—4000万□；4000万—1亿□；1亿—2亿□；2亿—4亿□

附录二　正式调研问卷

尊敬的女士/先生：

　　您好！我们正在进行一项关于"企业供应链融资绩效"的研究。本调查为匿名形式，您所填写的数据仅作为学术研究之用，原始材料不对外公开。本调查大约会占用您 5 分钟时间，谢谢您的支持和合作。

第一部分　企业能力

请您根据以下相关问题的描述，在适当的分值上（数字）上画"√"	非常不同意	比较不同意	一般	比较同意	非常同意
企业创新能力					
1. 我们能以较低成本在较短时间内引进或研发新产品与新技术	1	2	3	4	5
2. 我们会及时对现有产品与业务流程予以改进	1	2	3	4	5
3. 我们能够不断将新方法或新技术引入现有管理过程中	1	2	3	4	5
4. 我们会在生产与研发的过程中会不断引进新材料与新技术	1	2	3	4	5
5. 我们会根据产品生产或销售要求进行组织变革与改进	1	2	3	4	5

续表

请您根据以下相关问题的描述，在适当的分值上（数字）上画"√"。	非常不同意	比较不同意	一般	比较同意	非常同意
市场响应能力					
1. 我们能在较短时间内变更产品来满足客户需求	1	2	3	4	5
2. 我们能快速向市场推广新产品	1	2	3	4	5
3. 我们能以较低的成本将新产品营销给下游客户	1	2	3	4	5
4. 我们有多套新产品的广告、促销等方案，灵活多变	1	2	3	4	5
5. 我们能够快速应对市场需求的变化	1	2	3	4	5

第二部分 供应链融资情况

请您根据以下相关问题的描述，在适当的分值上（数字）上画"√"	非常不同意	比较不同意	一般	比较同意	非常同意
供应链融资方案采用					
1. 我们利用不动产或动产从供应链合作伙伴处融资	1	2	3	4	5
2. 我们基于应收账款从供应链合作伙伴处融资	1	2	3	4	5
3. 我们基于应付账款从供应链合作伙伴处融资	1	2	3	4	5
4. 我们通过与供应链合作伙伴合作解决资金问题	1	2	3	4	5
供应链融资绩效					
1. 我们从供应链合作伙伴处融资的利率较低	1	2	3	4	5
2. 我们从供应链合作伙伴处融资的期限较为灵活	1	2	3	4	5
3. 我们从供应链合作伙伴处融资的额度较为灵活	1	2	3	4	5

第三部分　情境因素

请您根据以下相关问题的描述，在适当的分值上（数字）上画"√"	非常不同意	比较不同意	一般	比较同意	非常同意
供应链整合					
1. 我们与供应商积极互动与探讨产品开发	1	2	3	4	5
2. 我们有程序或方法获得供应商的运营信息	1	2	3	4	5
3. 我们与客户积极互动以改进产品或服务质量	1	2	3	4	5
4. 我们有正式的惯例和标准作业程序与客户以及供应商联络，并努力建立长期合作关系	1	2	3	4	5
信息技术应用					
1. 我们不同职能部门之间通过计算机集群网络互联	1	2	3	4	5
2. 我们运用信息技术整合组织内部资源	1	2	3	4	5
3. 我们运用信息技术与商业伙伴之间进行资源共享	1	2	3	4	5
4. 我们运用信息技术获得处于全球网络中各种组织的资源	1	2	3	4	5
5. 我们运用信息技术支持订单、采购、运输、库存、销售与配送等各个业务流程	1	2	3	4	5

第四部分　企业基本情况

1. 贵企业的经营年限：（请在对应方框里画"√"）

1 年以内□；1—2 年□；2—5 年□；5—10 年□；10 年以上□

2. 贵企业有多少员工：（请在对应方框里画"√"）

0—50□；51—100□；101—300□；301—500□；501—1000□；1001—2000□

3. 贵企业大概的年销售额（请在对应方框里画"√"）

500 万以下□；500 万—1000 万□；1000 万—2000 万□；2000

万—3000 万□；3000 万—5000 万□；5000 万—1.5 亿□；1.5 亿—3 亿□

4. 贵企业大概的总资产（请在对应方框里画"√"）

500 万以下□；501 万—1000 万□；1001 万—3000 万□；3000 万—4000 万□；4000 万—1 亿□；1 亿—2 亿□；2 亿—4 亿□

参考文献

曹红军、赵剑波:《动态能力如何影响企业绩效——基于中国企业的实证研究》,《南开管理评论》2008 年第 6 期。

曹智、霍宝锋、赵先德:《供应链整合模式与绩效:全球视角》,《科学学与科学技术管理》2012 年第 7 期。

曾萍:《知识创新、动态能力与组织绩效的关系研究》,《科学学研究》2009 年第 8 期。

陈猛、刘和福、魏少波:《IT 能力与市场响应性的关系研究》,《管理学报》2015 年第 7 期。

陈祥锋、石代伦、朱道立:《仓储与物流中的金融服务创新系列讲座之五金融供应链与融通仓服务》,《物流技术与应用》2006b 年第 3 期。

陈祥锋、石代伦、朱道立、钟颉:《仓储与物流中的金融服务创新系列讲座之一融通仓的由来、概念和发展》,《物流技术与应用》2005a 年第 11 期。

陈祥锋、石代伦、朱道立、钟颉:《仓储与物流中的金融服务创新系列讲座之二融通仓系统结构研究》,《物流技术与应用》2005b 年第 12 期。

陈祥锋、石代伦、朱道立、钟颉:《仓储与物流中的金融服务创新系列讲座之三融通仓运作模式研究》,《物流技术与应用》2006a 年第 1 期。

陈晓萍、徐淑英、樊景立:《组织与管理研究的实证方法》(第二版）北京大学出版社 2012 年版。

陈艳、范炳全：《中小企业开放式创新能力与创新绩效的关系研究》，《研究与发展管理》2013 年第 1 期。

陈一洪：《试论小微企业行业供应链金融模式——城市商业银行小微金融服务模式探析》，《重庆邮电大学学报》（社会科学版）2012 年第 5 期。

陈长彬：《供应链管理的信息技术支撑体系分析》，《电子商务》2012 年第 3 期。

陈卓勇、吴晓波：《新兴市场中的中小企业的动态能力研究》，《科学学研究》2006 年第 2 期。

邓龙安、徐玖平：《供应链整合下的企业网络创新绩效管理研究》，《科学学与科学技术管理》2008 年第 2 期。

董保宝、李全喜：《竞争优势研究脉络梳理与整合研究框架构建——基于资源与能力视角》，《外国经济与管理》2013 年第 3 期。

董保宝、葛宝山、王侃：《资源整合过程、动态能力与竞争优势：机理与路径》，《管理世界》2011 年第 3 期。

董俊武、黄江圳、陈震红：《基于知识的动态能力演化模型研究》，《中国工业经济》2004 年第 2 期。

杜运周、贾良定：《组态视角与定性比较分析（qca）：管理学研究的一条新道路》，《管理世界》2017 年第 6 期。

杜运周、李永发：《QCA 设计原理与应用：超越定性与定量研究的新方法》，机械工业出版社 2017 年版。

冯耕中：《物流金融业务创新分析》，《预测》2007 年第 1 期。

冯海龙、焦豪：《动态能力理论研究综述及展望》，《科技管理研究》2007 年第 8 期。

冯军政、魏江：《国外动态能力维度划分及测量研究综述与展望》，《外国经济与管理》2011 年第 7 期。

高连和：《国内中小企业集群融资研究综述与展望》，《经济体制改革》2013 年第 1 期。

高素英、赵曙明、张艳丽：《战略人力资本与企业竞争优势关系研究》，《管理评论》2012年第5期。

龚丽敏、江诗松、魏江：《架构理论与方法回顾及其对战略管理的启示》，《科研管理》2014年第5期。

谷奇峰、丁慧平：《企业能力理论研究综述》，《北京交通大学学报》（社会科学版）2009年第1期。

韩子天、谢洪明、王成、罗惠玲：《学习、知识能量、核心能力如何提升绩效—华南地区企业的实证研究》，《科学学与科学技术管理》2008年第5期。

何韧、王维诚：《银企关系与中小企业成长——关系借贷价值的经验证据》，《财经研究》2009年第10期。

何宜庆、郭婷婷：《供应链融资模式下中小企业融资行为的博弈模型分析》，《南昌大学学报》（工科版）2010年第2期。

贺小刚、李新春、方海鹰：《动态能力的测量与功效：基于中国经验的实证研究》，《管理世界》2006年第3期。

侯永、王铁男、李向阳：《续集电影品牌溢出效应的形成机理：从信号理论与品牌延伸理论的视角》，《管理评论》2014年第7期。

胡海青、薛萌、张琅：《供应链合作关系对中小企业营运资本的影响研究——基于供应链融资的视角》，《经济管理》2014年第8期。

胡跃飞、黄少卿：《供应链金融：背景、创新与概念界定》，《财经问题研究》2009年第8期。

胡跃飞：《供应链金融：极富潜力的全新领域》，《金融博览：财富》2007年第2期。

黄芳铭：《结构方程模式》，中国税务出版社2005年版。

霍宝锋、李丝雨：《供应链整合与绩效：文献综述》，《北京联合大学学报》2015年第3期。

霍宝锋、曹智、李丝雨、赵先德：《供应链内部整合与外部整合的匹配研究》，《系统工程理论与实践》2016年第2期。

简兆权、何紫薇、招丽珠：《基于动态能力的可持续竞争优势研究综述》,《管理学报》2009年第6期。

姜超峰:《供应链金融服务创新》,《中国流通经济》2015年第1期。

姜付秀、石贝贝、马云飙:《信息发布者的财务经历与企业融资约束》,《经济研究》2016年第6期。

蒋婧梅、战明华:《中小企业供应链金融研究综述》,《经营与管理》2012年第11期。

焦豪、魏江、崔瑜:《企业动态能力构建路径分析:基于创业导向和组织学习的视角》,《管理世界》2008年第4期。

焦豪:《双元型组织竞争优势的构建路径:基于动态能力理论的实证研究》,《管理世界》2011年第11期。

焦凯:《复合基础观视角下中小企业竞争优势生成路径分析》,《经济论坛》2014年第11期。

孔莉、冯景雯:《集群融资与云南中小企业融资机制创新》,《思想战线》2009年第1期。

李瑞晶、李媛媛、金浩:《区域科技金融投入与中小企业创新能力研究——来自中小板和创业板127家上市公司数据的经验证据》,《技术经济与管理研究》2017年第2期。

李伟、成金华:《基于信息不对称的中小企业融资的可行性分析》,《世界经济》2005年第11期。

李兴旺、高鸿雁、武斯琴:《动态能力理论的演进与发展:回顾及展望》,《科学管理研究》2011年第1期。

李怡靖:《企业能力理论综述》,《云南财经大学学报》2003年第5期。

李毅学、徐渝、冯耕中:《国内外存货质押融资业务演化过程研究》,《经济与管理研究》2007a年第3期。

李毅学、徐渝、冯耕中:《国内外物流金融业务比较分析及案例研究》,《管理评论》2007b年第10期。

李勇、胡非凡:《信息不对称一定导致融资约束吗?——基于中国上市公司的实证分析》,《金融经济学研究》2016年第1期。

林毅夫、李永军：《中小金融机构发展与中小企业融资》，《经济研究》2001年第1期。

林毅夫、潘士远：《信息不对称、逆向选择与经济发展》，《世界经济》2006年第1期。

林勇、马士华：《供应链管理（SCM）与信息技术（IT）》，《物流技术》2000年第2期。

林震岩：《多变量分析SPSS的操作与应用》，北京大学出版社2007年版。

刘刚、刘静：《动态能力对企业绩效影响的实证研究——基于环境动态性的视角》，《经济理论与经济管理》2013年第3期。

刘会、宋华、冯云霞：《产品模块化与供应链整合的适配性关系研究》，《科学学与科学技术管理》2015年第9期。

刘井建：《创业学习、动态能力与新创企业绩效的关系研究——环境动态性的调节》，《科学学研究》2011年第5期。

刘军：《管理研究方法：原理与应用》，中国人民大学出版社2008年版。

刘晓红、周利国、耿勇、陈金亮：《物流与供应链金融研究趋势分析：基于"主题—理论—方法"的三重视角》，《中央财经大学学报》2016年第1期。

陆亚东、孙金云：《中国企业成长战略新视角：复合基础观的概念、内涵与方法》，《管理世界》2013年第10期。

陆亚东、孙金云：《复合基础观的动因及其对竞争优势的影响研究》，《管理世界》2014年第7期。

罗付岩：《信息不对称、银企关系与企业投资效率》，《金融经济学研究》2013年第6期。

罗齐、朱道立、陈伯铭：《第三方物流服务创新：融通仓及其运作模式初探》，《中国流通经济》2002年第2期。

罗正英：《中小企业集群信贷融资：优势、条件与对策》，《财贸经济》2010年第2期。

吕一博、苏敬勤、傅宇：《中国中小企业成长的影响因素研究——基于中国东北地区中小企业的实证研究》，《中国工业经济》2008年第1期。

马鸿佳、董保宝、葛宝山：《创业能力、动态能力与企业竞争优势的关系研究》，《科学学研究》2014年第3期。

马鸿佳、宋春华、葛宝山：《动态能力、即兴能力与竞争优势关系研究》，《外国经济与管理》2015年第11期。

孟娜娜、蔺鹏、周姗：《小微企业集群融资外部增信机制研究》，《财经理论研究》2016年第6期。

彭伟、符正平、李铭：《网络位置、知识获取与中小企业绩效关系研究》，《财经论丛》（浙江财经大学学报）2012年第2期。

彭雪蓉、刘洋：《战略性企业社会责任与竞争优势：过程机制与权变条件》，《管理评论》2015年第7期。

平新乔、杨慕云：《信贷市场信息不对称的实证研究——来自中国国有商业银行的证据》，《金融研究》2009年第3期。

邱笛：《信息不对称、融资约束与关系型融资》，《新金融》2015年第11期。

邱皓政、林碧芳：《结构方程模型的原理与应用》，中国轻工业出版社2009年版。

屈文洲、谢雅璐、叶玉妹：《信息不对称、融资约束与投资—现金流敏感性——基于市场微观结构理论的实证研究》，《经济研究》2011年第6期。

阮建青、石琦、张晓波：《产业集群动态演化规律与地方政府政策》，《管理世界》2014年第12期。

史金召、郭菊娥、晏文隽：《在线供应链金融中银行与B2B平台的激励契约研究》，《管理科学》2015年第5期。

史艳红：《信息技术在供应链管理领域运用状况和价值评价研究》，《物流工程与管理》2011年第10期。

宋华、陈思洁：《供应链金融的演进与互联网供应链金融：一个理论框架》，《中国人民大学学报》2016 年第 5 期。

宋华、卢强：《什么样的中小企业能够从供应链金融中获益？——基于网络和能力的视角》，《管理世界》2017a 年第 6 期。

宋华、卢强：《基于虚拟产业集群的供应链金融模式创新：创捷公司案例分析》，《中国工业经济》2017b 年第 5 期。

宋华、于亢亢：《集群环境下影响中小企业银行融资质量的因素研究》，《财贸经济》2008 年第 10 期。

宋华、卢强、喻开：《供应链金融与银行借贷影响中小企业融资绩效的对比研究》，《管理学报》2017 年第 6 期。

宋华：《供应链金融》，中国人民大学出版社 2015 年版。

宋华：《互联网供应链金融》，中国人民大学出版社 2017 年版。

宋华：《智慧供应链金融》，中国人民大学出版社 2019 年版。

苏旺胜、施祖麟：《信用担保制度提高信贷市场绩效的理论与方案》，《清华大学学报》（哲学社会科学版）2003 年第 s1 期。

孙红霞：《知识基础资源与竞争优势：创业导向与学习导向的联合调节效应》，《南方经济》2016 年第 9 期。

孙晓波、骆温平：《供应链整合维度间互动关系研究》，《运筹与管理》2014 年第 5 期。

唐建新、陈冬：《信息不对称、第三方信用信息与小企业融资》，《经济评论》2007 年第 1 期。

汪鸿昌、肖静华、谢永勤：《基于企业视角的云计算研究述评与未来展望》，《外国经济与管理》2013 年第 6 期。

王峰娟、安国俊：《集群融资——中小企业应对金融危机下融资困境的新思路》，《中国金融》2009 年第 21 期。

王宏起、武建龙：《企业核心能力形成机理研究综述》，《软科学》2007 年第 1 期。

王宏伟、任荣伟、宋丽：《中国房地产企业的竞争优势与核心能力——对广州市房地产企业的实证研究》，《管理世界》2007 年第 2 期。

王念新、仲伟俊、梅姝娥：《信息技术、核心能力和企业绩效的实证研究》，《管理科学》2010年第11期。

王晓东、李文兴：《供应链金融研究综述与展望——基于产业与金融互动机理》，《技术经济与管理研究》2015年第7期。

王毅、陈劲、许庆瑞：《企业核心能力：理论溯源与逻辑结构剖析》，《管理科学学报》2000年第3期。

王永贵、张玉利、杨永恒、李季：《对组织学习、核心竞争能力、战略柔性与企业竞争绩效的理论剖析与实证研究——探索中国企业增强动态竞争优势之路》，《南开管理评论》2003年第4期。

魏谷、孙启新：《组织资源、战略先动性与中小企业绩效关系研究——基于资源基础观的视角》，《中国软科学》2014年第9期。

魏江、焦豪：《创业导向、组织学习与动态能力关系研究》，《外国经济与管理》2008年第2期。

魏守华、刘光海：《产业集群内中小企业间接融资特点及策略研究》，《财经研究》2002年第9期。

魏守华、石碧华：《论企业集群的竞争优势》，《中国工业经济》2002年第1期。

吴明隆：《问卷统计分析实务：SPSS操作与应用》，重庆大学出版社2010年版。

武春桃：《信息不对称对商业银行信贷风险的影响》，《经济经纬》2016年第1期。

夏鑫、何建民、刘嘉毅：《定性比较分析的研究逻辑——兼论其对经济管理学研究的启示》，《财经研究》2014年第10期。

辛玉红、李小莉：《供应链金融的理论综述》，《武汉金融》2013年第4期。

徐可、何桢、王瑞：《供应链关系质量与企业创新价值链——知识螺旋和供应链整合的作用》，《南开管理评论》2015年第1期。

徐万里、钱锡红、孙海法：《动态能力、微观能动主体与组织能力提升》，《经济管理》2009年第3期。

许德惠、李刚、孙林岩、赵丽:《环境不确定性、供应链整合与企业绩效关系的实证研究》,《科研管理》2012年第12期。

闫俊宏、许祥秦:《基于供应链金融的中小企业融资模式分析》,《上海金融》2007年第2期。

杨道箭、齐二石:《基于资源观的企业IT能力与企业绩效研究》,《管理科学》2008年第5期。

杨丰来、黄永航:《企业治理结构、信息不对称与中小企业融资》,《金融研究》2006年第5期。

杨绍辉:《从商业银行的业务模式看供应链融资服务》,《物流技术》2005年第10期。

姚铮、胡梦婕、叶敏:《社会网络增进小微企业贷款可得性作用机理研究》,《管理世界》2013年第4期。

伊志宏、宋华、于亢亢:《商业银行金融供应链创新与风险控制研究——以中信银行的金融创新服务为例》,《经济与管理研究》2008年第7期。

尹志超、甘犁:《信息不对称、企业异质性与信贷风险》,《经济研究》2011年第9期。

尹志超、钱龙、吴雨:《银企关系、银行业竞争与中小企业借贷成本》,《金融研究》2015年第1期。

于亢亢、宋华、钱程:《不同环境下的供应链运作柔性的绩效研究》,《管理科学》2014年第1期。

于亢亢:《分销网络对关系满意度影响:适应性和前摄性柔性的中介作用》,博士学位论文,中国人民大学,2012年。

张驰、郑晓杰、王凤彬:《定性比较分析法在管理学构型研究中的应用:述评与展望》,《外国经济与管理》2017年第4期。

张杰:《中小企业集群融资模式创新研究》,《经济纵横》2012年第6期。

张捷:《中小企业的关系型借贷与银行组织结构》,《经济研究》2002年第6期。

张敬伟、王迎军:《竞争优势及其演化研究现状评介与未来展望》,《外国经济与管理》2010年第3期。

张曼、屠梅曾:《建立和完善中小企业信贷担保体系,打开中小企业融资难问题的死结》,《上海综合经济》2001年第6期。

张伟斌、刘可:《供应链金融发展能降低中小企业融资约束吗?——基于中小上市公司的实证分析》,《经济科学》2012年第3期。

张文君:《集群融资:破解欠发达地区中小企业"融资难"——兼谈鄱阳湖生态经济区建设融资问题》,《农林经济管理学报》2010年第3期。

章元:《论团体贷款对信贷市场低效率的可能改进》,《经济研究》2005年第1期。

赵道致、白马鹏:《解析基于应收票据管理的NRF—LC物流金融模式》,《西安电子科技大学学报》(社会科学版)2008年第2期。

赵坚:《我国自主研发的比较优势与产业政策——基于企业能力理论的分析》,《中国工业经济》2008年第8期。

赵丽、孙林岩、李刚、杨洪焦:《中国制造企业供应链整合与企业绩效的关系研究》,《管理工程学报》2011年第3期。

赵亚蕊:《国外供应链整合的研究述评与展望》,《商业经济与管理》2012年第11期。

郑胜利、周丽群:《论产业集群的经济性质》,《社会科学研究》2004年第5期。

郑小萍、刘盛华:《中小企业融资中信息不对称问题探析》,《中央财经大学学报》2010年第9期。

钟田丽、弥跃旭、王丽春:《信息不对称与中小企业融资市场失灵》,《会计研究》2003年第8期。

周浩、龙立荣:《共同方法偏差的统计检验与控制方法》,《心理科学进展》2004年第6期。

周驷华、万国华:《信息技术能力对供应链绩效的影响:基于信息整合的视角》,《系统管理学报》2016年第1期。

朱秀梅、陈琛、蔡莉:《网络能力、资源获取与新企业绩效关系实证研究》,《管理科学学报》2010年第4期。

Abdulaziz, A., "Cloud computing for increased business value", *International Journal of Business & Social Science*, Vol. 3, No. 1, 2012.

Adams, W., L. Einav, J. Levin, "Liquidity constraints and imperfect information in subprime lending", The American Economic Review, Vol. 99, No. 1, 2009.

Agbim, K. C., T. A. Zever, G. O. Oriarewo, "Assessing the effect of knowledge acquisition on competitive advantage: a knowledge – based and resource – based study", *Information & Knowledge Management*, Vol. 4, No. 11, 2014.

Aiken, L. S. and West, S. G., *Multiple Regression: Testing and Interpreting Interations*, Newbury Park: Sage, 1991.

Akerlof, G. A., "The market for 'lemons': Quality uncertainty and the market mechanism", *The Quarterly Journal of Economics*, Vol. 84, No. 3, 1970.

Aleem, A., C. R. Sprott, "Let me in the cloud: analysis of the benefit and risk assessment of cloud platform", *Journal of Financial Crime*, Vol. 20, No. 1, 2012.

Allred, C. R., S. E. Fawcett, C. Wallin, and G. M., Magnan, "A dynamic collaboration capability as a source of competitive advantage", *Decision Sciences*, Vol. 42, No. 1, 2011.

Alshawi, S., "Logistics in the internet age: towards a holistic information and processes picture", *Logistics Information Management*, Vol. 14, No. 4, 2001.

Ambrosini, V., C. Bowman, "What are dynamic capabilities and are they a useful construct in strategic management?" *International Journal of Management Reviews*, Vol. 11, No. 1, 2009.

Andersen, T. J., "Information technology, strategic decision making approaches and organizational performance in different industrial settings", *Journal of Strategic Information Systems*, Vol. 10, No. 2, 2001.

Angbazo, L. A., J. Mei, A. Saunders, "Credit spreads in the market for highly leveraged transaction loans", *Journal of Banking & Finance*, Vol. 22, No. , 1998.

Armbrust, M., A. Fox, R. Griffith, A. D. Joseph, R. Katz, A. Konwinski, et al., "A view of cloud computing", *Communications of the Acm*, Vol. 53, No. 4, 2010.

Armistead, C., J. Mapes, "The impact of supply chain integration on operating performance", *Logistics Information Management*, Vol. 6, No. 4, 2013.

Armstrong, J. S., T. S. Overton, "Estimating nonresponse bias in mail surveys", *Journal of Marketing Research*, Vol. 14, No. 3, 1977.

Arrow, K. J., "Vertical integration and communication", *Bell Journal of Economics*, Vol. 6, No. 1, 1975.

Atkinson, W., "Supply Chain Finance – The Next Big Opportunity", *Supply Chain Management Review*, No. 3, 2008.

Au, K., F. F. T. Chiang, T. A. Birtch, H. K. Kwan, "Entrepreneurial financing in new business ventures: a help – seeking behavior perspective", *International Entrepreneurship & Management Journal*, Vol. 12, No. 1, 2014.

Auboin, M., H. Smythe, R. Teh, "Supply chain finance SMEs: evidence from international factoring data", *Social Science Electronic Publishing*, *CESifo Working Paper*, 2016.

Augier, M., D. J. Teece, "Dynamic capabilities and the role of managers in business strategy and economic performance", *Organization Science*, Vol. 20, No. 2, 2009.

Ayen, Y. W., W. M. Demissie, "Agricultural credit and factors affecting group lending performance of poor farmers in Ethiopia: the case of jimma zone", *International Journal of Research in Commerce & Management*, Vol. 6, No. , 2015.

Bain, J. S. , *Industrial Organization*, New York: Wiley, 1959.

Baltensperger, E. , "Credit rationing: issues and questions", *Journal of Money Credit & Banking*, Vol. 10, No. 2, 1978.

Bardhan, I. , H. Demirkan, P. Kannan, R. Kauffman, R. Sougstad, "An interdisciplinary perspective on it services management and service science", *Journal of Management Information Systems*, Vol. 26, No. 4, 2010.

Bareli, M. , Y. Galily, A. Israeli, "Gaining and sustaining competitive advantage: on the strategic similarities between maccabi tel aviv bc and fc bayern münchen", *European Journal for Sport & Society*, 2016.

Barney, J. B. , "Strategic factor markets: Expectations, luck, and business strategy", *Management Science*, Vol. 32, No. 10, 1986.

Barney, J. B. , "Firm resource and sustained competitive advantage", *Journal of Management*, Vol. 17, No. 1, 1991.

Barney, J. B. , "Is the resource – based 'view' a useful perspective for strategic management research? Yes", *Academic of Management Review*, Vol. 26, No. 1, 2001.

Barney, J. B. , "Purchasing, supply chain management and sustained competitive advantage: the relevance of resource – based theory", *Journal of Supply Chain Management*, Vol. 48, No. 2, 2012.

Baron, R. M. , D. A. Kenny, "The moderator – mediator variable distinction in social psychological research: conceptual, strategic, and statistical considerations", *J Pers Soc Psychol*, Vol. 51, No. 6, 1986.

Barratt, M. , "Understanding the meaning of collaboration in the supply chain", *Supply Chain Management*, Vol. 9, No. 1, 2004.

Barratt, M., R. Barratt, "Exploring internal and external supply chain linkages: evidence from the field", *Journal of Operations Management*, Vol. 29, No. 5, 2011.

Behr, P., A. Entzian, A. Güttler, "How do lending relationships affect access to credit and loan conditions in microlending?" *Journal of Banking & Finance*, Vol. 35, No. 8, 2011.

Bell, R. G., I. Filatotchev, R. V. Aguilera, "Corporate governance and investors' perceptions of foreign ipo value: An institutional perspective", *Academy of Management Journal*, Vol. 57, No. 1, 2013.

Berger, A. N., G. F. Udell, "Relationship lending and lines of credit in small firm finance", *Journal of Business*, Vol. 68, No. 3, 1995.

Berger, A. N., G. F. Udell, "The economics of small business finance: the roles of private equity and debt markets in the financial growth cycle", *Journal of Banking & Finance*, Vol. 22, No. 6–8, 1998.

Berger, A. N., G. F. Udell, "Small business credit availability and relationship lending: the importance of bank organisational structure", *The Economic Journal*, Vol. 112, No. 477, 2002.

Berger, A. N., G. F. Udell, "A more complete conceptual framework for SME finance", *Journal of Banking & Finance*, Vol. 30, No. 11, 2006.

Berger, A. N., C. M. Buch, G. Delong, R. Deyoung, "Exporting financial institutions management via foreign direct investment mergers and acquisitions", *Journal of International Money & Finance*, Vol. 23, No. 3, 2004.

Bettis, R. A., C. E. Helfat, J. M. Shaver, R. A. Bettis, C. E. Helfat, J. M. Shaver, "The necessity, logic, and forms of replication", *Strategic Management Journal*, Vol. 37, No. 11, 2016.

Bhatt, G. D., V. Grover, "Types of Information Technology Capabilities and Their Role in Competitive Advantage: An Empirical Study", *Journal of Management Information Systems*, Vol. 22, No. 2, 2005.

Blackman, I. D., C. P. Holland, T. Westcott, "Motorola's global financial supply chain strategy", *Supply Chain Management*, Vol. 18, No. 2, 2013.

Blome, C., T. Schoenherr, D. Rexhausen, "Antecedents and enablers of supply chain agility and its effect on performance: a dynamic capabilities perspective", *International Journal of Production Research*, Vol. 51, No. 4, 2013.

Blome, S., L. Alrubaiee, M. Jamhour, "Effect of core competence on competitive advantage and organizational performance", *International Journal of Business & Management*, Vol. 7, No. 1, 2011.

Bodorik, P., J. Dhaliwal, D. Jutla, "Supporting the e-business readiness of small and medium-sized enterprises: Approaches and metrics", *Internet Research*, Vol. 12, No. 2, 2002.

Boot, A. W. A. "Relationship banking: what do we know?", *Journal of Financial Intermediation*, Vol. 9, No. 1, 2000.

Booth, J. R., L. Chua, "Ownership dispersion, costly information, and IPO underpricing", *Journal of Financial Economics*, Vol. 41, No. 2, 1996.

Bottazzi, G., A. Secchi, F. Tamagni, "Productivity, profitability and financial performance", *Industrial & Corporate Change*, Vol. 17, No. 4, 2008.

Boulding, W., A. Kirmani, "A consumer-side experimental examination of signaling theory: do consumers perceive warranties as signals of quality?" *Journal of Consumer Research*, Vol. 20, No. 1, 1993.

Bowersox, D. J., E. A. Morash, "The integration of marketing flows in channels of distribution", *European Journal of Marketing*, Vol. 23, No. 2, 1989.

Boynton, A. C., B. Victor, "Beyond flexibility: building and managing the dynamically stable organization", *California Management Review*, Vol. 34, No. 1, 1991.

Bruque – Cámara, S., J. Moyano – Fuentes, J. M. Maqueira – Marín, "Supply chain integration through community cloud: effects on operational performance", *Journal of Purchasing & Supply Management*, Vol. 22, No. 2, 2016.

Brynjolfsson, E., L. Hitt, "Breaking boundaries", *Information Week*, Special Issue, No. 22, 1997.

Bubb, R., A. Kaufman, "Securitization and moral hazard: evidence from credit score cutoff rules", *Journal of Monetary Economics*, Vol. 63, No. 2, 2011.

Buzacott, J. A., R. Q. Zhang, "Inventory management with asset – based financing", *Management Science*, Vol. 50, No. 9, 2004.

Byrd, T. A., "Information technology, core competencies, and sustained competitive advantage", *Information Resources Management Journal*, Vol. 14, No. 3, 2001.

Cámara, S. B., José Moyano Fuentes、J. M. M. Marín, "Cloud computing, web 2.0, and operational performance: the mediating role of supply chain integration", *International Journal of Logistics Management*, Vol. 26, No. 3, 2015.

Camerinelli, E., "Supply chain finance", *Journal of Payments Strategy & Systems*, Vol. 3, No. 2, 2009.

Campbell, J., J. Sankaran, "An inductive framework for enhancing supply chain integration", *International Journal of Production Research*, Vol. 43, No. 16, 2005.

Caniato, F., L. M. Gelsomino, A. Perego, S. Ronchi, "Does finance solve the supply chain financing problem?" *Supply Chain Management*, *Vol. 21*, *No. 5*, *2016*.

Cao, Z., X. Zhao, B. Huo, Y. Li, "The impact of organizational culture on supply chain integration: a contingency and configuration approach", *Supply Chain Management*, Vol. 20, No. 1, 2015.

Carter, D. A., J. E. Mcnulty, J. A. Verbrugge, "Do small banks have an advantage in lending? An examination of risk – adjusted yields on business loans at large and small banks", *Journal of Financial Services Research*, Vol. 25, No., 2004.

Cepeda, G., D. Vera, "Dynamic capabilities and operational capabilities: a knowledge management perspective", *Journal of Business Research*, Vol. 60, No. 5, 2007.

Chan, Y. S., A. V. Thakor, "Collateral and competitive equilibria with moral hazard and private information", *The Journal of Finance*, Vol. 42, No. 2, 1987.

Chan, Y. S., S. I. Greenbaum, A. V. Thakor, "Information reusability, competition and bank asset quality", *Journal of Banking & Finance*, Vol. 10, No. 2, 1986.

Chang, C., G. Liao, Y. U. Xiaoyun, N. I. Zheng, "Information from relationship lending: evidence from loan defaults in china", *Journal of Money, Credit and Banking*, Vol. 46, No. 6, 2014.

Chang, H. L., B. D. Rhee, "Trade credit for supply chain coordination", *European Journal of Operational Research*, Vol. 214, No. 1, 2011.

Chang, S., Y. Gong, S. A. Way, L. Jia, "Flexibility – oriented HRM systems, absorptive capacity, and market responsiveness and firm innovativeness", *Journal of Management*, Vol. 39, No. 7, 2013.

Chen, H., P. J. Daugherty, T. D. Landry, "Supply chain process integration: a theoretical framework", *Journal of Business Logistics*, Vol. 30, No. 2, 2009.

Chen, I. J., A. Paulraj, "Understanding supply chain management: critical research and a theoretical framework", *International Journal of Production Research*, Vol. 42, No. 1, 2004a.

Chen, I. J., A. Paulraj, "Towards a theory of supply chain management: the constructs and measurements", *Journal of Operations Management*, Vol. 22, No. 2, 2004b.

Chen, J., H. Jiao, X. Zhao, "A knowledge – based theory of the firm: managing innovation in biotechnology", *Chinese Management Studies*, Vol. 10, No. 1, 2016.

Chen, P. Y., S. Y. Wu, "The impact and implications of on – demand services on market structure", *Information Systems Research*, Vol. 24, No. 3, 2013.

Cheng, Y. H., C. Y. Yeh, "Core competencies and sustainable competitive advantage in air – cargo forwarding: evidence from Taiwan", *Transportation Journal*, Vol. 46, No. 3, 2007.

Chuang, S. H., "A resource – based perspective on knowledge management capability and competitive advantage: an empirical investigation", *Expert Systems with Applications*, Vol. 27, No. 3, 2004.

Churchill, G. A., "A paradigm for developing better measures of marketing constructs", *Journal of Marketing Research*, Vol. 16, No. 1, 1979.

Clulow, V., J. Gerstman, C. Barry, "The resource – based view and sustainable competitive advantage: the case of a financial services firm", *Journal of European Industrial Training*, Vol. 27, No. 5, 2003.

Coff, R. W., "The emergent knowledge – based theory of competitive advantage: an evolutionary approach to integrating economics and management", *Managerial and Decision Economics*, Vol. 24, No. 4, 2003.

Collis, D. J. "Research note: how valuable are organizational capabilities?" *Strategic Management Journal*, Vol. 15, No. S1, 1995.

Conner, K. R., C. K. Prahalad, "A resource – based theory of the firm: knowledge versus opportunism", *Organization Science*, Vol. 7, No. 5, 1996.

Coombs, R., "Core competencies and the strategic management of R&D", *R&D Management*, Vol. 26, No. 4, 1996.

Cooper, M. C., D. M. Lambert, J. D. Pagh, "Supply chain management: more than a new name for logistics", *International Journal of Logistics Management*, Vol. 8, No. 1, 1997.

Cornett, M. M., J. J. Mcnutt, P. E. Strahan, H. Tehranian, "Liquidity risk management and credit supply in the financial crisis", *Journal of Financial Economics*, Vol. 101, No. 2, 2010.

Coulibaly, B., H. Sapriza, A. Zlate, "Financial frictions, trade credit, and the 2008 – 09 global financial crisis", *International Review of Economics & Finance*, Vol. 26, No. 4, 2012.

Cousins, P. D., B. Menguc, "The implications of socialization and integration in supply chain management", *Journal of Operations Management*, Vol. 24, No. 5, 2006.

Crilly, D., M. Zollo, M. T. Hansen, "Faking it or muddling through? understanding decoupling in response to stakeholder pressures", *Academy of Management Journal*, Vol. 55, No. 6, 2012.

Cui, Y., H. Jiao, "Dynamic capabilities, strategic stakeholder alliances and sustainable competitive advantage: evidence from china", *Corporate Governance*, Vol. 11, No. 4, 2011.

Dainty, A. R. J., S. J. Millett, G. H. Briscoe, "New perspectives on construction supply chain integration", *Supply Chain Manage-*

ment, Vol. 6, No. 4, 2001.

Damanpour, F., W. M. Evan, "Organizational Innovation and Performance: The Problem of 'Organizational Lag'", *Administrative Science Quarterly*, Vol. 29, No. 3, 1984.

Das, A., R. Narasimhan, S. Talluri, "Supplier integration – finding an optimal configuration", *Journal of Operations Management*, Vol. 24, No. 5, 2006.

De Meijer, C., M. De Bruijn, "Cross – border supply – chain finance: an important offering in transaction banking", *Journal of Payments Strategy & Systems*, Vol. 7, No. 4, 2013.

Dedrick, J., S. Xu, K. Zhu, "How does information technology shape supply – chainstructure? Evidence on the number of suppliers", *Journal of Management Information Systems*, Vol. 25, No. 2, 2008.

Demsetz, H., "Industry structure, market rivalry, and public policy", *The Journal of Law and Economics*, Vol. 16, No. 1, 1973.

Devaraj, S., L. Krajewski, J. C. Wei, "Impact of ebusiness technologies on operational performance: the role of production information integration in the supply chain", *Journal of Operations Management*, Vol. 25, No. 6, 2007.

Dewitt, T., L. C. Giunipero, H. L. Melton, "Clusters and supply chain management: the Amish experience", *International Journal of Physical Distribution & Logistics Management*, Vol. 36, No. 4, 2006.

Dierickx, I., K. Cool, "Asset stock accumulation and sustainability of competitive advantage", *Management Science*, Vol. 35, No. 12, 1989.

Donnelly, C., M. Englund, J. P. Nielsen, "The importance of the choice of test for finding evidence of asymmetric information", *ASTIN Bulletin: The Journal of the IAA*, Vol. 44, No. 2, 2014.

Droge, C., J. Jayaram, S. K. Vickery, "The effects of internal versus external integration practices on time – based performance and overall firm performance", *Journal of Operations Management*, Vol. 22, No. 6, 2004.

Duan, H., X. Han, H. Yang, "An analysis of causes for smes financing difficulty", *International Journal of Business & Management*, Vol. 4, No. 6, 2009.

Durowoju, O. A., H. K. Chan, X. Wang, "The impact of security and scalability of cloud service on supply chain performance", *Journal of Electronic Commerce Research*, Vol. 12, No. 4, 2011.

Dyer, J. H., W. Chu, "The role of trustworthiness in reducing transaction costs and improving performance: empirical evidence from the United States, Japan, and Korea", *Organization Science*, Vol. 14, No. 1, 2003.

Dyer, J. H., H. Singh, "The relational view: cooperative strategy and sources of interorganizational competitive advantage", *Academy of Management Review*, Vol. 23, No. 4, 1998.

Edwards, T., R. Delbridge, M. Munday, "Understanding innovation in small and medium – sized enterprises: a process manifest", *Technovation*, Vol. 25, No. 10, 2005.

Eisenhardt, K. M., J. A. Martin, "Dynamic capabilities: what are they?" *Strategic Management Journal*, Vol. 21, No. , 2000.

Ekanayaka, Y., W. L. Currie, P. Seltsikas, "Delivering enterprise resource planning systems through application service providers", *Logistics Information Management*, Vol. 15, No. 3, 2002.

Fang, S. R., C. Y. Huang, S. Wei, L. Huang, "Corporate social responsibility strategies, dynamic capability and organizational performance: cases of top Taiwan – selected benchmark enterprises", *African Journal of Business Management*, Vol. 4, No. 1, 2010.

Fantazy, K. A., V. Kumar, U. Kumar, "An empirical study of the relationships among strategy, flexibility, and performance in the supply chain context", *Supply Chain Management*, Vol. 14, No. 3, 2009.

Feenstra, R. C., Z. Li, M. Yu, "Exports and credit constraints under incomplete information: theory and evidence from china", *Review of Economics & Statistics*, Vol. 96, No. 4, 2014.

Finne, M., Holmström, J. "A Manufacturer Moving Upstream: Triadic Collaboration for Service Delivery", *Supply Chain Management: An International Journal*, Vol. 18, No. 1, 2013.

Fiordelisi, F., S. Monferrà, G. Sampagnaro, "Relationship lending and credit quality", *Journal of Financial Services Research*, Vol. 46, No. 3, 2014.

Fiss, P. C., "A set – theoretic approach to organizational configurations", *Academy of Management Review*, Vol. 32, No. 4, 2007.

Fiss, P. C., "Case studies and the configurational analysis of organizational phenomena", In Ragin, C. C., Byrne, D., eds. *Handbook of Case Study Methods*, Thousand Oaks, CA: Sage, 2009.

Fiss, P. C., "Building better causal theories: a fuzzy set approach to typologies in organization research", *Academy of Management Journal*, Vol. 54, No. 54, 2011.

Flynn, B. B., B. Huo, X. Zhao, "The impact of supply chain integration on performance: a contingency and configuration approach", *Journal of Operations Management*, Vol. 28, No. 1, 2010.

Flynn, B. B., X. Zhao, B. Huo, J. H. Y. Yeung, "We've got the power! how customer power affects supply chain relationships", *Business Horizons*, Vol. 51, No. 3, 2008.

Fornell, C., D. F. Larcker, "Evaluating structural equation models with unobservable variables and measurement error", *Journal of Marketing Research*, Vol. 18, No. 1, 1981.

Frohlich, M. T., R. Westbrook, "Arcs of integration: an international study of supply chain strategies", *Journal of Operations Management*, Vol. 19, No. 2, 2001.

Furrer, O., M. T. Alexandre, D. Sudharshan, "The impact of resource: trategy correspondence on marketing performance – financial performance tradeoffs", *Journal of Strategic Marketing*, Vol. 15, No. , 2007.

Gao, Y., Zhu, Y., "Research on dynamic capabilities and innovation performance in the Chinese context: a theory model – knowledge based view", *Open Journal of Business & Management*, Vol. 3, No. 4, 2015.

Garcia – Appendini, E., J. Montoriol – Garriga, "Firms as liquidity providers: evidence from the 2007 – 2008 financial crisis", *Journal of Financial Economics*, No. 109, 2013.

Garmaise, M. J., "Borrower misreporting and loan performance", *Journal of Finance*, Vol. 70, No. 1, 2015.

Garrett, R. P., J. G. Covin, D. P. Slevin, "Market responsiveness, top management risk taking, and the role of strategic learning as determinants of market pioneering", *Journal of Business Research*, Vol. 62, No. 8, 2009.

Gelsomino, L. M., R. Mangiaracina, A. Perego, A. Tumino, "Supply chain finance: a literature review", *International Journal of Physical Distribution & Logistics Management*, Vol. 46, No. 4, 2016.

Germain, R., K. N. S. Iyer, "The interaction of internal and downstream integration and its association with performance", *Journal of Business Logistics*, Vol. 27, No. 2, 2006.

Gimenez, C., E. Ventura, "Logistics - production, logistics - marketing and external integration", *International Journal of Operations*

& *Production Management*, Vol. 25, No. 1, 2005.

Girod, S. J. G., R. Whittington, "Reconfiguration, restructuring and firm performance: dynamic capabilities and environmental dynamism", *Strategic Management Journal*, Vol. 38, No. 5, 2017.

Gloede, T. D., J. Pulm, A. Hammer, O. Ommen, C. Kowalski, S. E. Groß, et al., "Interorganizational relationships and hospital financial performance: a resource-based perspective", *Service Industries Journal*, Vol. 33, No., 2013.

Gobbi, G., E. Sette, "Do firms benefit from concentrating their borrowing? Evidence from the great recession", *Review of Finance*, Vol. 18, No. 2, 2014.

Gomm, M. L., "Supply chain finance: applying finance theory to supply chain management to enhance finance in supply chains", *International Journal of Logistics Research and Applications*, Vol. 13, No. 2, 2010.

Grant, R. M., "The resource-based theory of competitive advantage: implications for strategy formulation", *California Management Review*, Vol. 33, No. 3, 1991.

Grant, R. M., "Toward a knowledge-base theory of the firm", *Strategic Management Journal*, No. 17 (winter), 1996.

Grosse-Ruyken, P. T., S. M. Wagner, R. Jönke, "What is the right cash conversion cycle for your supply chain?" *International Journal of Services & Operations Management*, Vol. 10, No. 1, 2011.

Guillén, G., M. Badell, L. Puigjaner, "A holistic framework for short-term supply chain management integrating production and corporate financial planning", *International Journal of Production Economics*, Vol. 106, No. 1, 2007.

Guillén, G., M. Badell, A. Espuña, L. Puigjaner, "Simultaneous optimization of process operations and financial decisions to enhance the integrated planning/scheduling of chemical supply chains", *Computers & Chemical Engineering*, Vol. 30, No. 3, 2006.

Gulati, R., "Network location and learning: the influence of network resources and firm capabilities on alliance formation", *Strategic Management Journal*, Vol. 20, No. 5, 1999.

Gunasekaran, A., E. W. T. Ngai, "Information systems in supply chain integration and management", *European Journal of Operational Research*, Vol. 159, No. 2, 2004.

Gupta, P., A. Seetharaman, J. R. Raj, "The usage and adoption of cloud computing by small and medium businesses", *International Journal of Information Management*, Vol. 33, No. 5, 2013.

Hafeez, K., Y. B. Zhang, N. Malak, "Core competence for sustainable competitive advantage: a structured methodology for identifying core competence", *IEEE Transactions on Engineering Management*, Vol. 49, No. 1, 2002.

Hair, J. F., W. C. Black, B. J. Babin, R. E. Anderson, R. L. Tatham, *Multivariate data analysis (6th ed)*, Upper Saddle River, NJ: Prentice-Hall, 2006.

Hayes, B., "Cloud computing", *Communications of the ACM*, Vol. 51, No. 7, 2008.

Hedges, P., Z. Wu, J. Chua, "Deterioration in borrowing terms of small businesses: an agency perspective", *Journal of Small Business & Entrepreneurship*, Vol. 20, No. 1, 2007.

Helfat, C. E., M. A. Peteraf, "The dynamic resource-based view: Capability lifecycles", *Strategic Management Journal*, Vol. 24, No. 10, 2003.

Hester, D. D., "Customer relationships and terms of loans: evidence from a pilot survey: a note", *Journal of Money Credit & Banking*,

Vol. 11, No. 3, 1977.

Hinkin, T. R. "A brief tutorial on the development of measures for use in survey questionnaires", *Organizational Research Methods*, Vol. 1, No. 1, 1998.

Hofer, C. W., D. Schendel, *Strategy formulation: analytical concepts*, West Publishing Company, 1978.

Hofmann, E., "Supply chain finance: some conceptual insights", *Logistic Management – Innovative Logistikkonzepte*, No. S, 2005.

Hofmann, E., H. Kotzab, "A supply chain – oriented approach of working capital management", *Journal of Business Logistics*, Vol. 31, No. 2, 2010.

Holdren, D. P., C. A. Hollingshead, "Differential pricing of industrial services: the case of inventory financing", *Journal of Business & Industrial Marketing*, Vol. 14, No. 1, 1999.

Homburg, C., R. M. Stock, "The link between salespeople's job satisfaction and customer satisfaction in a business – to – business context: a dyadic analysis", *Journal of the Academy of Marketing Science*, Vol. 32, No. 2, 2004.

Hooft, F. P. C. V., R. A. Stegwee, "E – business strategy: how to benefit from a hype", *Logistics Information Management*, Vol. 14, No. , 2013.

Horvath, L., "Collaboration: the key to value creation in supply chain management", *Supply Chain Management*, Vol. 6, No. 5, 2001.

Hou, J. J., Y. T. Chien, "The effect of market knowledge management competence on business performance: a dynamic capabilities perspective", *International Journal of Electronic Business Management*, Vol. 8, No. 2, 2010.

Hsu, P. F., "Commodity or competitive advantage? Analysis of the erp value paradox", *Electronic Commerce Research & Applications*, Vol.

12, No. 12, 2013.

Hua, S. , S. R. Chatterjee, J. Chen, "Achieving competitive advantage in service supply chain: evidence from the Chinese steel industry", *Chinese Management Studies*, Vol. 5, No. 1, 2011.

Huo, B. , "The impact of supply chain integration on company performance: an organizational capability perspective", *Supply Chain Management*, Vol. 17, No. 6, 2012.

Irwin, D. , J. M. Scott, "Barriers faced by SMEs in raising bank finance", *International Journal of Entrepreneurial Behavior & Research*, Vol. 16, No. 3, 2010.

Ivashina, V. , D. Scharfstein, "Bank lending during the financial crisis of 2008", *Journal of Financial Economics*, Vol. 97, No. 97, 2010.

Jacobides, M. G. , S. Billinger, "Designing the boundaries of the firm: from make, buy, or ally to the dynamic benefits of vertical architecture", *Organization Science*, Vol. 17, No. 2, 2006.

James, C. , P. Wier, "Borrowing relationships, intermediation, and the cost of issuing public securities", *Journal of Financial Economics*, Vol. 28, No. s 1 – 2, 1990.

Jiang, J. , Z. Li, C. Lin, "Financing difficulties of smes from its financing sources in china", *Journal of Service Science & Management*, Vol. 07, No. 3, 2014.

Johnson, J. L. , "Strategic integration in industrial distribution channels: managing the interfirm relationship as a strategic asset", *Journal of the Academy of Marketing Science*, Vol. 27, No. 1, 1999.

Kaiser, H. F. , "An index of factorial simplicity", *Psychometrika*, Vol. 39, No. 1, 1974.

Kak, A. , "Sustainable competitive advantage with core competence: a review", *Global Journal of Flexible Systems Management*, Vol. 3,

No. 4, 2002.

Kearns, G. S., A. L. Lederer, "A resource – based view of strategic it alignment: how knowledge sharing creates competitive advantage", *Decision Sciences*, Vol. 34, No. 1, 2003.

Keizer, J. A., J. I. M. Halman, M. Song, "From experience: applying the risk diagnosing methodology", *Journal of Product Innovation Management*, Vol. 19, No. 3, 2002.

Khan, A. H., N. I. Kazi, "Do microloans induce performance of traditional – loans? Evidence from borrowers of grameen and similar banks", *Journal of Developing Areas*, Vol. 50, No. 4, 2016.

Khurana, R., "Market Triads: A Theoretical and Empirical Analysis of Market Intermediation", *Journal for the Theory of Social Behavior*, Vol. 32, No. 2, 2002.

Klapper, L., "The role of factoring for financing small and medium enterprises", *Journal of Banking & Finance*, Vol. 30, No. 11, 2005.

Klein, J., D. Gee, H. Jones, "Analyzing clusters of skills in R&D – core competencies, metaphors, visualization, and the role of it", *R&D Management*, Vol. 28, No. 1, 1998.

Koufteros, X. A., T. C. E. Cheng, Lai, Kee – Hung, "'Black – box' and 'gray – box' supplier integration in product development: antecedents, consequences and the moderating role of firm size", *Journal of Operations Management*, Vol. 25, No. 4, 2007.

Koufteros, X., M. Vonderembse, J. Jayaram, "Internal and external integration for product development: the contingency effects of uncertainty, equivocality, and platform strategy", *Decision Sciences*, Vol. 36, No. 1, 2005.

Kruasoma, T., K. Saenchaiyathon, P. Kantatasiri, "Achievement a sustainable competitive advantage on the integration of resource – based view and dynamic capability", *European Conference*, Vol. 6481. DBLP, 2015.

Kuruppuarachchi, P. R., P. Mandal, R. Smith, "It project implementation strategies for effective changes: a critical review", *Logistics Information Management*, Vol. 15, No. 15, 2002.

Lambert, D. M., M. C. Cooper, "Issues in supply chain management", *Industrial Marketing Management*, Vol. 29, No. 1, 2000.

Lamoureux, J. F., T. A. Evans, *Supply chain finance: a new means to support the competitiveness and resilience of global value chains*, Social Science Electronic Publishing, 2011.

Lamoureux, M., "A Supply Chain Finance Prime", *Supply Chain Finance*, No. 4, 2007.

Lampel, J., J. Shamsie, "Critical push: strategies for creating momentum in the motion picture industry", *Journal of Management: Official Journal of the Southern Management Association*, Vol. 26, No. 2, 2000.

Lancioni, R. A., M. F. Smith, T. A. Oliva, "The role of the internet in supply chain management", *Industrial Marketing Management*, Vol. 29, No. 1, 2000.

Lawrence, P. R., J. W. Lorsch, "Differentiation and Integration in Complex Organizations", *Administrative Science Quarterly*, Vol. 12, No. 1, 1967.

Lehmann, E., D. Neuberger, "Do lending relationships matter? Evidence from bank survey data in Germany", *Journal of Economic Behavior & Organization*, Vol. 45, No. 4, 2000.

Lekkakos, S. D., A. Serrano, "Supply chain finance for small and medium sized enterprises: the case of reverse factoring", *International Journal of Physical Distribution & Logistics Management*, Vol. 46, No. 4, 2016.

Lenard – Barton, D., "Core capabilities and core rigidities: A paradox in managing new product development", Strategic Management Journal, No. 13, 1992.

Leonard – Barton, D., "And core rigidities: core capabilities paradox in managing new product development", Strategic Management Journal, Vol. 13, No. 1, 1992.

Li, D. Y., J. Liu, "Dynamic capabilities, environmental dynamism, and competitive advantage: evidence from china", Journal of Business Research, Vol. 67, No. 1, 2014.

Li, G., H. Yang, L. Sun, A. S. Sohal, "The impact of it implementation on supply chain integration and performance", International Journal of Production Economics, Vol. 120, No. 1, 2009.

Li, L. Y., G. O. Ogunmokunb, "The influence of interfirm relational capabilities on export advantage and performance: an empirical analysis", International Business Review, Vol. 10, No. 4, 2001.

Li, S., B. Lin, "Accessing information sharing and information quality in supply chain management", Decision Support Systems, Vol. 42, No. 3, 2006.

Liang, C. J., Y. L. Lin, H. F. Huang, "Effect of core competence on organizational performance in an airport shopping center", Journal of Air Transport Management, Vol. 31, No. 7, 2013.

Liebl, J., E. Hartmann, E. Feisel, "Reverse factoring in the supply chain: objectives, antecedents and implementation barriers", International Journal of Physical Distribution & Logistics Management, Vol. 46, No. 4, 2016.

Lin, Y., L. Y. Wu, "Exploring the role of dynamic capabilities in firm performance under the resource – based view framework", Journal of Business Research, Vol. 67, No. 3, 2014.

Liu, Y., H. E. Jinsheng, "The influence of entrepreneurial orientation and organizational learning to core competence and performance: a survey of 210 companies from center, south and north china", *Science of Science & Management of S & T*, Vol. 30, No. 4, 2009.

Long, C., X. Zhang, "Cluster – based industrialization in China: financing and performance", *Journal of International Economics*, Vol. 84, No. 1, 2009.

Loughran, T., J. Ritter, "Why has ipo underpricing changed over time?" *Social Science Electronic Publishing*, Vol. 33, No. 3, 2004.

Lu, Y., K. Ramamurthy, "Understanding the link between information technology capability and organizational agility: an empirical examination", *Mis Quarterly*, Vol. 35, No. 4, 2011.

Makadok, R., "Toward a synthesis of the resource – basedand dynamic – capability views of rent creation", *Strategic Management Journal*, Vol. 22, No. 5, 2001.

Makkonen, H., M. Pohjola, R. Olkkonen, A. Koponen, "Dynamic capabilities and firm performance in a financial crisis", *Journal of Business Research*, Vol. 67, No. 1, 2014.

Manove, M., A. J. Padilla, "Banking (conservatively) with optimists", *Papers*, Vol. 30, No. 2, 1997.

March, J. G., "Exploration and exploitation in organizational learning", *Organization Science*, Vol. 2, No. 1, 1991.

Marquez, A. C., C. Bianchi, J. N. D. Gupta, "Operational and financial effectiveness of e – collaboration tools in supply chain integration", *European Journal of Operational Research*, Vol. 159, No. 2, 2004.

Marston, S., Z. Li, S. Bandyopadhyay, A. Ghalsasi, "Cloud computing – the business perspective", *Decision Support Systems*, Vol. 51, No. 1, 2011.

Martin, J., E. Hofmann, "Involving financial service providers in supply chain finance practices Company needs and service requirements", *Journal of Applied Accounting Research*, Vol. 18, No. 1, 2017.

Masakure, O. , S. Henson, J. Cranfield, "Performance of microenterprises in Ghana: a resource – based view", *Journal of Small Business and Enterprise Development*, Vol. 16, No. 3, 2009.

Mcevily, S. K. , B. Chakravarthy, "The persistence of knowledge – based advantage: An empirical test for product performance and technological knowledge", *Strategic Management Journal*, Vol. 23, No. 4, 2010.

Melville, N. , R. Ramirez, "Information technology innovation diffusion: an information requirements paradigm", *Information Systems Journal*, Vol. 18, No. 3, 2008.

Melville, N. , K. Kraemer, V. Gurbaxani, "Review: information technology and organizational performance: an integrative model of it business value", *Mis Quarterly*, Vol. 28, No. 2, 2004.

Miller, D. , "An asymmetry – based view of advantage: towards an attainable sustainability", *Strategic Management Journal*, Vol. 24, No. 10, 2003.

Mishra, S. , S. B. Modi, A. Animesh, "The relationship between information technology capability, inventory efficiency, and shareholder wealth: a firm – level empirical analysis", *Journal of Operations Management*, Vol. 31, No. 6, 2013.

Modigliani, F. , M. H. Miller, "The cost of capital, corporation finance, and the theory of investment: reply", *American Economic Review*, Vol. 49, No. 4, 1959.

Morash, E. A. , S. R. Clinton, "Supply chain integration: customer value through collaborative closeness versus operational excellence", *Journal of Marketing Theory & Practice*, Vol. 6, No. 4, 1998.

More, D., P. Basu, "Challenges of supply chain finance", *Business Process Management Journal*, Vol. 19, No. 4, 2013.

Moss, T. W., D. O. Neubaum, M. Meyskens, "The Effect of Virtuous and Entrepreneurial Orientations on Microfinance Lending and Repayment: A Signaling Theory Perspective", *Entrepreneurship Theory and Practice*, Vol. 39, No. 1, 2015.

Narasimhan, R., A. Das, "Manufacturing agility and supply chain management practices", *Production & Inventory Management Journal*, Vol. 40, No. 1, 1999.

Narasimhan, R.、Kim, S. W., "Effect of supply chain integration on the relationship between diversification and performance: evidence from Japanese and korean firms", *Journal of Operations Management*, Vol. 20, No. 3, 2002.

Narayaman, S., V. Jayaranan, V., L. Yadong, J. M. Swaminathan, "The antecedents of process integration in business process outsourcing and its effect on firm performance", *Journal of Operations Management*, Vol. 43, No. 4, 2015.

Naylor, J. B., M. M. Naim, D. Berry, "Leagility: integrating the lean and agile manufacturing paradigms in the total supply chain", *International Journal of Production Economics*, Vol. 62, No. 1, 1999.

Newbert, S. L. "Value, rareness, competitive advantage, and performance: a conceptual – level empirical investigation of the resource – based view of the firm", *Strategic Management Journal*, Vol. 29, No. 7, 2008.

Nguyen, T. V., A. T. T. Phan, T. T. N. Mai, "Knowledge creation, innovation and financial performance of firms: evidence from Vietnam", *International Journal of Business & Management*, Vol. 11, No. 6, 2016.

Olivier, F., T. A. Maria, D. Sudharshan, "The impact of resource: strategy correspondence on marketing performance – financial performance tradeoffs", *Journal of Strategic Marketing*, Vol. 15, No. , 2007.

Overby, J. W., S. Min, "International supply chain management in an Internet environment", *International Organizations in General Universal International Organizations & Cooperation*, Vol. 33, No. 2, 1983.

Pagell, M., "Understanding the factors that enable and inhibit the integration of operations, purchasing and logistics", *Journal of Operations Management*, Vol. 22, No. 5, 2004.

Pavlou, P. A., O. A. E. Sawy, "Understanding the elusive black box of dynamic capabilities", *Decision Sciences*, Vol. 42, No. 1, 2011.

Pawar, K. S., H. Driva, "Electronic trading in the supply chain: a holistic implementation framework", *Logistics Information Management*, Vol. 13, No. 1, 2000.

Penrose, E. T., *The Theory of Growth of the Firm*, London: Basil Blackwell, 1959.

Peteraf, M. A., "The cornerstones of competitive advantage: a resource – based view", *Strategic Management Journal*, Vol. 14, No. 3, 2010.

Petersen, K. J., R. B. Handfield, G. L. Ragatz, "Supplier integration into new product development: coordinating product, process and supply chain design", *Journal of Operations Management*, Vol. 23, No. , 2005.

Petersen, M. A., R. G. Rajan, "The benefits of lending relationships: evidence from small business data", *The Journal of Finance*, Vol. 49, No. 1, 1994.

Pfohl, H. C., M. Gomm, "Supply chain finance: optimizing financial flows in supply chains", *Logistics Research*, Vol. 1, No. 3, 2009.

Podsakoff, P. M., S. B. Mackenzie, J. Y. Lee, N. P. Podsakoff, "Common method biases in behavioral research: a critical review of the literature and recommended remedies", *Journal of Applied Psychology*, Vol. 88, No. 5, 2003.

Polak, P., R. Sirpal, M. Hamdan, "Post – crisis emerging role of the treasurer", *European Journal of Scientific Research*, Vol. 86, No. 3, 2012.

Porter, M. E., *Competitive Strategy: Techniques for Analyzing Industries and Competitors*, New York: Free Press, 1980.

Porter, M. E., *The Competitive Advantage: Creating and Sustaining Superior Performance*, New York: Free Press, 1985.

Porter, M. E., "Clusters and New Economics of Competition", *Harvard Business Review*, No. 11, 1998.

Prahalad, C., G. Hamel, "The core competency of the corporation", *Harvard Business*, Vol. 68, No. , 1990.

Prajogo, D., J. Olhager, "Supply chain integration and performance: the effects of long – term relationships, information technology and sharing, and logistics integration", *International Journal of Production Economics*, Vol. 135, No. 1, 2012.

Protogerou, A., "Dynamic capabilities and their indirect impact on firm performance", *Industrial & Corporate Change*, Vol. 21, No. , 2008.

Rabinovich, E., A. M. Knemeyer, "Logistics service providers in internet supply chains", *California Management Review*, Vol. 48, No. 4, 2006.

Ragatz, G. L., R. B. Handfield, K. J. Petersen, "Benefits associated with supplier integration into new product development under conditions of technology uncertainty", *Journal of Business Research*,

Vol. 55, No. 5, 2002.

Ragin, C. C., *The Comparative Method: Moving beyond Qualitative and Quantitative Strategies*, Berkeley: University of California Press, 1987.

Ragin, C. C., *Fuzzy-set Social Science*, Chicago: University of Chicago Press, 2000.

Ragin, C. C., "Set relations in social research: evaluating their consistency and coverage", *Political Analysis*, Vol. 14, No. 3, 2006.

Ragin, C. C., "Calibration versus measurement", In D. Collier, H. Brady、J. Box-Steffensmeier, Eds., *Methodology volume of Oxford handbooks of political science*, New York: Oxford University Press, 2007.

Ragin, C. C., *Redesigning Social Inquiry: Fuzzy-sets and Beyond*, Chicago: University of Chicago Press, 2008.

Ragin, C. C., P. C. Fiss, "Net Effects Analysis versus Configurational Analysis: An Empirical Demonstration", In Ragin, C. C., Eds. *Redesigning Social Inquiry: Fuzzy Sets and Beyond*, Chicago: University of Chicago Press, 2008.

Rai, A., R. Patnayakuni, N. Seth, "Firm performance impacts of digitally enabled supply chain integration capabilities", *Mis Quarterly*, Vol. 30, No. 2, 2006.

Rai, A., P. A. Pavlou, G. Im, S. Du, "Interfirm IT capability profiles andcommunications for cocreating relational value: evidence from the logistics industry", *MIS Quarterly*, Vol. 36, No. 1, 2012.

Ray, G., J. B. Barney, W. A. Muhanna, "Capabilities, business processes, and competitive advantage: choosing the dependent variable in empirical tests of the resource-based view", *Strategic Management Journal*, Vol. 25, No. 25, 2010.

Reuter, C., K. Foerstl, E. Hartmann, C. Blome, "Sustainable global supplier management: the role of dynamic capabilities in achieving competitive advantage", *Journal of Supply Chain Management*, Vol. 46, No. 2, 2010.

Ritter, T., "The networking company: antecedents for coping with relationships and networks effectively", *Industrial Marketing Management*, Vol. 28, No. 5, 1999.

Ritter, T., I. F. Wilkinson, W. J. Johnston, "Managing in complex business networks", *Industrial Marketing Management*, Vol. 33, No. 3, 2004.

Roberts, M. R., "The role of dynamic renegotiation and asymmetric information in financial contracting", *Social Science Electronic Publishing*, Vol. 116, No. 1, 2015.

Roberts, P. W., G. R. Dowling, "Corporate reputation and sustained superior financial performance", *Strategic Management Journal*, Vol. 23, No. 12, 2002.

Romano, P., "Co-ordination and integration mechanisms to manage logistics processes across supply networks", *Journal of Purchasing & Supply Management*, Vol. 9, No. 3, 2003.

Rosenzweig, E. D., A. V. Roth, J. W. D. Jr, "The influence of an integration strategy on competitive capabilities and business performance: an exploratory study of consumer products manufacturers", *Journal of Operations Management*, Vol. 21, No. 4, 2003.

Rothschild, M., J. Stiglitz, "Equilibrium in competitive insurance markets: an essay on the economics of imperfect information", *Uncertainty in Economics*, Vol. 90, No. 4, 1978.

Rouse, M. J., U. S. Daellenbach, "Rethinking research methods for the resource-based perspective: isolating sources of sustainable competitive advantage", *Strategic Management Journal*, Vol. 20, No. 5, 2015.

Rumelt, R. P., "Toward a Strategic Theory of the Firm", *Competitive Strategic Management*, 1984.

Saeed, K. A., M. K. Malhotra, V. Grover, "Examining the impact of interorganizational systems on process efficiency and sourcing leverage in buyer - supplier dyads", *Decision Sciences*, Vol. 36, No. 3, 2005.

Sanchez, R., A. Heene, H. Thomas, "Dynamics of competence - based competition: theory and practice in the new strategic management", *Long Range Planning*, Vol. 30, No. 1, 1997.

Sarkis, J., R. P. Sundarraj, "Evolution of brokering paradigms in e - commerce enabled manufacturing", *International Journal of Production Economics*, Vol. 75, No., 2002.

Savitha, B., K. K. Naveen, "Non - performance of financial contracts in agricultural lending: a case study from Karnataka", *India. Agricultural Finance Review*, Vol. 76, No. 3, 2016.

Schilke, O., "On the contingent value of dynamic capabilities for competitive advantage: the nonlinear moderating effect of environmental dynamism", *Strategic Management Journal*, Vol. 35, No. 2, 2013.

Schlemmer, F., B. Webb, "The impact of strategic assets on financial performance and on internet performance", *Electronic Markets*, Vol. 16, No. 4, 2007.

Schmalensee, R., "A note on the theory of vertical integration", *Journal of Political Economy*, Vol. 81, No. 2, 1973.

Schmitz, H., Nadvi, K., "Clustering and industrialization: introduction", *World Development*, Vol. 27, No. 9, 1999.

Schneider, C. Q., C. Wagemann, "Standards of good practice in qualitative comparative analysis (qca) and fuzzy - sets", *Comparative Sociology*, Vol. 9, No. 3, 2010.

Scott, J. A., T. C. Smith, "The effect of the bankruptcy reform act of

1978 on small business loan pricing", *Journal of Financial Economics*, Vol. 16, No. 1, 1986.

Selviaridis, K. , M. Spring, "Third party logistics: a literature review and research agenda", *International Journal of Logistics Management*, Vol. 18, No. 1, 2007.

Shane, S. , D. Cable, "Network ties, reputation, and the financing of new ventures", *Management Science*, Vol. 48, No. 3, 2002.

Sharma, S. K. , J. N. D. Gupta, "Application service providers: issues and challenges", *Logistics Information Management*, Vol. 15, No. 3, 2013.

Sharpe, S. A. , "Asymmetric information, bank lending, and implicit contracts: a stylized model of customer relationships", *The Journal of Finance*, Vol. 45, No. 4, 1990.

Shaw, J. D. , T. Park, E. Kim, "A resource – based perspective on human capital losses, hrm investments, and organizational performance", *Strategic Management Journal*, Vol. 34, No. 5, 2014.

Silvestro, R. , P. Lustrato, "Integrating financial and physical supply chains: the role of banks in enabling supply chain integration", *International Journal of Operations & Production Management*, Vol. 34, No. 3, 2014.

Simatupang, T. M. , A. C. Wright, R. Sridharan, "The knowledge of coordination for supply chain integration", *Business Process Management Journal*, Vol. 8, No. 3, 2002.

Song, H. , L. Wang, "The impact of private and family firms' relational strength on financing performance in clusters", *Asia Pacific Journal of Management*, Vol. 30, No. 3, 2013.

Spekman, R. E. , J. Spear, J. Kamauff, "Supply chain competency: learning as a key component", *Supply Chain Management*, Vol. 7, No. 1, 2002.

Spence, M., "Job market signaling", *Quarterly Journal of Economics*, Vol. 87, No. 3, 1973.

Srivastava, R. K., L. Fahey, H. K. Christensen, "The resource-based view and marketing: the role of market-based assets in gaining competitive advantage", *Journal of Management: Official Journal of the Southern Management Association*, Vol. 27, No. 6, 2001.

Stank, T. P., S. B. Keller, P. J. Daugherty, "Supply chain collaboration and logistical service performance", *Journal of Business Logistics*, Vol. 22, No. 1, 2001.

Stein, J. C., "Information production and capital allocation: decentralized versus hierarchical firms", *The Journal of Finance*, Vol. 57, No. 5, 2002.

Stevens, G. C., "Integrating the supply chain", *International Journal of Physical Distribution & Logistics Management*, Vol. 19, No. 8, 1989.

Stiglitz, J. E., Weiss, A., "Credit rationing in markets with imperfect information", *American Economic Review*, Vol. 71, No. 3, 1981.

Subramani M., "How do suppliers benefit from information technology use in supply chain relationships?" *Mis Quarterly*, 2004, 28 (1): 45–73.

Swink, M., R. Narasimhan, C. Wang, "Managing beyond the factory walls: effects of four types of strategic integration on manufacturing plant performance", *Journal of Operations Management*, Vol. 25, No. 1, 2007.

Tabachnick, B. G., L. S. Fidell, *Using multivariate statistics* (5th Ed), Boston, MA: Allyn & Bacon, 2007.

Tagoe, N., E. Nyarko, E. Anuwa-Amarh, "Financial challenges facing urban smes under financial sector liberalization in Ghana",

Journal of Small Business Management, Vol. 43, No. 3, 2005.

Teece, D. J., "A dynamic capabilities – based entrepreneurial theory of the multinational enterprise", *Journal of International Business Studies*, Vol. 45, No. 1, 2014.

Teece, D. J., G. Pisano, A. Shuen, "Dynamic capabilities and strategic management", *Strategic Management Journal*, Vol. 18, No. 7, 1997.

Teece, D., G. Pisano, "The dynamic capabilities of firms: an introduction", *Industrial & Corporate Change*, Vol. 3, No. 3, 1994.

Teng, B. S., "Corporate entrepreneurship activities through strategic alliances: a resource – based approach toward competitive advantage", *Journal of Management Studies*, Vol. 44, No. 1, 2007.

Tibben – Lembke, R. S., D. S. Rogers, "Real options: applications to logistics and transportation", *International Journal of Physical Distribution & Logistics Management*, Vol. 36, No. 4, 2006.

Timme, S., C. Williamstimme, "The financial – scm connection", *Supply Chain Management Review*, Vol. 4, No. 2, 2000.

Tomlinson, P. R., "Strong ties, substantive embeddedness and innovation: exploring differences in the innovative performance of small and medium – sized firms in UK manufacturing", *Knowledge & Process Management*, Vol. 18, No. 2, 2011.

Torbjørn H. Netland, A. Aspelund, "Company – specific production systems and competitive advantage: a resource – based view on the Volvo production system", *International Journal of Operations & Production Management*, Vol. 33, No. 11/22, 2013.

Trigueros – Preciado, S., D. Pérez – González, P. Solana – González, "Cloud computing in industrial smes: identification of the barriers to its adoption and effects of its application", *Electronic Markets*, Vol. 23, No. 2, 2013.

Tsai, W., S. Ghoshal, "Social capital and value creation: the role of intrafirm networks", *Academy of Management Journal*, Vol. 41, No. 4, 1998.

Tsang, E. W. K., K. M. Kwan, "Replication and theorydevelopment in organizational science: a critical realistperspective", *Academy of Management Review*, Vol. 24, No. 4, 1999.

Turowski, K., "Agent – based e – commerce in case of mass customization", *International Journal of Production Economics*, Vol. 75, No. 1, 2005.

Vanpoucke, E., A., Vereecke, M. Wetzels, "Developing supplier integration capabilities for sustainable competitive advantage: a dynamic capabilities approach", *Journal of Operations Management*, Vol. 32, No., 2014.

Vickery, S. K., J. Jayaram, C. Droge, R. Calantone, "The effects of an integrative supply chain strategy on customer service and financial performance: an analysis of direct versus indirect relationships", *Journal of Operations Management*, Vol. 21, No. 5, 2003.

Villena, V. H., L. R. Gomez – Mejia, E. Revilla, "The decision of the supply chain executive to support or impede supply chain integration: a multidisciplinary behavioral agency perspective", *Decision Sciences*, Vol. 40, No. 4, 2009.

Vliet, K. V. D., M. J. Reindorp, J. C. Fransoo, "The price of reverse factoring: financing rates vs. payment delays", *European Journal of Operational Research*, Vol. 242, No. 3, 2015.

Walsh, S. T., J. D. Linton, "The competence pyramid: a framework for identifying and analyzing firm and industry competence", *Technology Analysis & Strategic Management*, Vol. 13, No. 2, 2001.

Wandfluh, M., E. Hofmann, P. Schoensleben, "Financing buyer – supplier dyads: an empirical analysis on financial collaboration in the supply chain", *International Journal of Logistics Research and Applications*, Vol. 19, No. 3, 2016.

Wang, C. L., P. K. Ahmed, "Dynamic capabilities: a review and research agenda", *International Journal of Management Reviews*, Vol. 9, No. 1, 2007.

Watson, R., N. Wilson, "Small and medium size enterprise financing: a note on some of the empirical implications of a pecking order", *Journal of Business Finance & Accounting*, Vol. 29, No. , 2002.

Wen, W., Y. H. Chen, I. C. Chen, "A knowledge-based decision support system for measuring enterprise performance", *Knowledge-Based Systems*, Vol. 21, No. 2, 2008.

Wernerfelt, B., "A resource-based view of the firm", *Strategic Management Journal*, Vol. 5, No. 2, 1984.

Wiengarten, F., M. Pagell, M. U. Ahmed, C. Gimenez, "Do a country's logistical capabilities moderate the external integration performance relationship?" *Journal of Operations Management*, Vol. 32, No. , 2014.

Wiklund, J., D. Shepherd, "Knowledge-based resources, entrepreneurial orientation, and the performance of small and medium-sized businesses", *Strategic Management Journal*, Vol. 24, No. 13, 2003.

Williamson, O. E., "Transaction-cost economics: the governance of contractual relations", *The Journal of Law and Economics*, Vol. 22, No. 2, 1979.

Winter, S. G., "Understanding dynamic capabilities", *Strategic Management Journal*, Vol. 24, No. 10, 2003.

Wong, C. Y., S. Boon-Itt, C. W. Y. Wong, "The contingency effects of environmental uncertainty on the relationship between supply chain integration and operational performance", *Journal of Oper-

ations Management, Vol. 29, No. 6, 2011.

Wu, F., S. Yeniyurt, D. Kim, S. T. Cavusgil, "The impact of information technology on supply chain capabilities and firm performance: a resource – based view", *Industrial Marketing Management*, Vol. 35, No. 4, 2006.

Wu, L. "Entrepreneurial Resources, Dynamic Capabilities and Start – up Performance of Taiwan's High – tech Firms", *Journal of Business Research*, No. 60, 2007.

Wu, L. Y. "Applicability of the resource – based and dynamic – capability views under environmental volatility", *Journal of Business Research*, Vol. 63, No. 1, 2010.

Wu, Y., C. G. Cegielski, B. T. Hazen, D. J. Hall, "Cloud computing in support of supply chain information system infrastructure: understanding when to go to the cloud", *Journal of Supply Chain Management*, Vol. 49, No. 3, 2013.

Wuttke, D. A., C. Blome, M. Henke, "Focusing the financial flow of supply chains: an empirical investigation of financial supply chain management", *International Journal of Production Economics*, 145 (2), 2013a.

Wuttke, D. A., C. Blome, F. Kai, M. Henke, "Managing the innovation adoption of supply chain finance – empirical evidence from six European case studies", *Journal of Business Logistics*, Vol. 34, No. 2, 2013b.

Yan, N., B. Sun, "Comparative analysis of supply chain financing strategies between different financing modes", *Journal of Industrial & Management Optimization*, Vol. 11, No. 4, 2015.

Yan, S., "Core Competence and Performance of Construction SMEs in China", *International Colloquium on Computing, communication, Control, and Management*, No. 111, 2010.

Yeung, J. H. Y., W. Selen, M. Zhang, B. Huo, "The effects of trust and coercive power on supplier integration", *International Journal of Production Economics*, Vol. 120, No. 1, 2009.

Zahra, S. A., H. J. Sapienza, P. Davidsson, "Entrepreneurship and dynamic capabilities: a review, model and research agenda", *Journal of Management Studies*, Vol. 43, No. 4, 2006.

Zhang, Q., M. A. Vonderembse, J. Lim, "Logistics flexibility and its impact on customer satisfaction", *International Journal of Logistics Management*, Vol. 16, No. 1, 2005.

Zhang, X., D. Hu, "Overcoming successive bottlenecks: the evolution of a potato cluster in china", *World Development*, No. 63, 2014.

Zhao, X., B., Huo, B. B. Flynn, J. H. Y. Yeung, "The impact of power and relationship commitment on the integration between manufacturers and customers in a supply chain", *Journal of Operations Management*, Vol. 26, No. 3, 2008.

Zhao, X., B. Huo, W. Selen, J. H. Y. Yeung, "The impact of internal integration and relationship commitment on external integration", *Journal of Operations Management*, Vol. 29, No. , 2011.

Zhao, X., K. H. Yeung, Q. Huang, X. Song, "Improving the predictability of business failure of supply chain finance clients by using external big dataset", *Industrial Management & Data Systems*, Vol. 115, No. 9, 2015.

Zollo, M., S. G. Winter, "Deliberate learning and the evolution of dynamic capabilities", *Organization Science*, Vol. 13, No. 3, 2002.

索　引

C

财务供应链　50，51

成员身份度　141-143

D

道德风险　4，5，7，35，36，39，46，50，91，155，159，160，162，166

动态能力　23，26-33

F

复杂解　144

复制研究　13-15，17-19，94-96，111，139，141，144，150，152，157，162，167

覆盖率　145，147，148

G

供应链金融　1，3，5-13，15，17，18，20，34，41，43-45，47，49-64，71，73-77，79，80，82，84-87，89-92，96，98，100，101，104，111，113，114，136，141，146，149-168

供应链金融1.0　59

供应链金融2.0　59

供应链金融3.0　59，60

供应链金融模式　57，58，80，168

供应链融资方案采用　7，9，13，17，19，75，76，80，84，86，87，89-93，99，100，103，104，107，112，121，122，127-138，143-147，149，150，154-164，167，170，174

供应链融资绩效　4-7，9，11-13，17-20，34，57，62，71，74，76-78，80，

索　引

81，83，84，87－90，92，93，100，101，103，108，110－112，121，122，126，127，129－131，133，135－139，144，147－154，158－170，173，174

供应链整合　6，7，9，11，12，17，19，63－71，76－78，81，82，87－91，93，101，103，108，111，112，121，122，130－133，137，143，144，146，147，149－152，156－160，162，166－168，171，175

关系借贷　4，5，37，38，165

归纳法　97

H

核心能力　23－27，29－32，70，83

J

集群融资　40，75

间接融资　2

简洁解　144－148

交易借贷　4，37

结构效度　109，110，121

聚合效度　121，122

M

贸易金融　45

模糊集定性比较分析　15，17－19，96，139，141－144，150，151，157，159，165，167

N

内容效度　13，98，109，121

内源性融资　2，3，43，84

逆向选择　7，35－37，88，155－157，162

P

平均变异萃取量　122

Q

企业创新能力　17，84，86，87，89，91，93，99，107，126，127，129，131，133，134，137，138，143，144，147，149，153，154，156，163，169，173

企业能力理论　5，12，13，17，18，20－24，26，28，29，31，32，34，76，77，83，92，152－155，160，161，167，168

区分效度 121，122

R

软信息 4，37-39，74，86，162

S

市场响应能力 17，79，80，84-87，89，91，93，98，99，103，106，107，111，112，121，122，126，127，129-133，135，137，138，142-144，146，147，149，151，153，154，156，157，161，164，165，167，168，170，174

数据校准 141，142，150

T

同源误差 117，118，136

W

外源性融资 2，3

无反应偏差 19，113，117，118，136

物流金融 45-50，56-58，75

物资银行 47，48

X

信贷配给 36

信度 11，97，106，120，121，146，151

信息不对称 3-7，9，11，12，17-20，34-41，64，70，71，73-77，85，87-93，146，150-152，155-160，162-168

信息分享 44，66，69-71，73，90，91，157，159，160，165

信息技术应用 7，9，11-13，17，19，61，71-73，76-78，82，83，90-93，101，102，108，109，111，121，122，131，133-138，143，144，146，147，149-152，156-160，162，165，166，168，171，175

信息完备性 34，35

信用隔阂 3

Y

演绎法 97

硬信息 4，37，38，74，86，102，156，162

Z

知识基础观　23，29-31

直接融资　2

中间解　144-148

资源基础观　22-24，26，29-31，79，82，153